全国高职高专规划教材

航 海 体 育

冷　赛　刘振斌　主　编
　　　　臧大辉　主　审

人民交通出版社股份有限公司
China Communications Press Co.,Ltd.

内 容 提 要

本书是航海类高职院校体育专用教材,按照国际海事组织"公约"对海员技能、素质的培养要求,以提高学生航海体育人文素养,树立终身体育的意识,掌握海上体育运动健身技能,提高身心健康水平,提高职业综合素养为主,全力满足教育部相关高职高专体育课程的标准。

本书的编写,以专业匹配为指导,重视学生身心的均衡发展,重视学生的体育锻炼意识、技能,重视学生的团队精神、挑战精神及沟通能力,以提高学生的综合职业能力为基础,从"挑战、锻炼、学习、传承、休闲娱乐"五个方面把体育教学任务变抽象为具体,使航海院校高职体育真正具有自己鲜明的特色。全书内容包括航海体育概述、游泳、航海联合器械训练、舢板运动、帆船运动、拓展训练、形体训练等。

本书主要提供航海院校普通陆上专业学生使用,也可作为相关专业的研究和教学人员的参考用书。

图书在版编目(CIP)数据

航海体育 / 冷赛,刘振斌主编. —北京:人民交通出版社股份有限公司,2016.9
ISBN 978-7-114-13324-4

Ⅰ. ①航⋯ Ⅱ. ①冷⋯ ②刘⋯ Ⅲ. ①航海运动 Ⅳ. ①G874

中国版本图书馆 CIP 数据核字(2016)第 219187 号

全国高职高专规划教材

书　　名:	航海体育
著 作 者:	冷　赛　刘振斌
责任编辑:	赵瑞琴　张维青
出版发行:	人民交通出版社股份有限公司
地　　址:	(100011) 北京市朝阳区安定门外外馆斜街 3 号
网　　址:	http://www.ccpress.com.cn
销售电话:	(010) 59757973
总 经 销:	人民交通出版社股份有限公司发行部
经　　销:	各地新华书店
印　　刷:	北京鑫正大印刷有限公司
开　　本:	787×1092　1/16
印　　张:	10.5
字　　数:	240 千
版　　次:	2016 年 9 月　第 1 版
印　　次:	2020 年 7 月　第 2 次印刷
书　　号:	ISBN 978-7-114-13324-4
定　　价:	28.00 元

(有印刷、装订质量问题的图书由本公司负责调换)

编 委 会

主　编 冷　赛　刘振斌

主　审 臧大辉

副主编 唐洪鹏　鲁志杰　罗一青　辛　菲

编　委 张雪伦　王　茹　田小虎　孙一帆

PREFACE
前言

多年来,关于航海类高职院校体育教学的标准时有争论,但始终脱离不了以下几个方面:一要满足国际海事组织"公约"对海员技能、素质的培养要求;二要提高学生航海体育人文素养,树立终身体育的意识,掌握海上体育运动健身技能,提高身心健康水平,提高职业综合素养;三要满足教育部相关高职高专体育课程的要求。为了全面贯彻《中共中央国务院关于深化教育改革全面推进素质教育的决定》和《国家中长期教育改革和发展规划纲要(2010—2020年)》精神,本教材在编写过程中,首先以专业匹配为指导思想,重视学生身心的均衡发展,重视培养学生的体育锻炼意识、技能,重视培养学生的团队精神、挑战精神及沟通能力,从而提高学生的综合职业能力,为学生进入职场打下坚实的基础;其次,从"挑战、锻炼、学习、传承、休闲娱乐"五个方面把体育教学任务变抽象为具体,变大而全为小而实,在让航海院校高职体育真正具有自己鲜明的特色的同时,满足航海院校普通陆上专业学生的高技能人才培养的需要。

(1)挑战,即在体育课程安排,教学内容、方法、手段上体现不怕困难,勇于突破的精神,激发学生的潜在能量。挑战精神是现代人必须具备的优秀品质。

(2)锻炼,即不仅应锻炼意识、能力、身体,提高心理健康水平,更应锻炼自己的社会适应能力、抗挫折能力、抗打击能力,以及不良情绪的调节能力和人际关系的协调能力。

(3)学习,即全方面学习,从入学到毕业,从毕业到终生,活到老、学到老,不仅学习体育知识、技能和方法,更应在运动中学习合作、学会感恩、学会沟通和与不同的人友好相处。

(4)传承,即搞好第二课堂,利用好第一课堂,把优秀的校园体育文化传承下去。开展教学、竞赛、训练、社团活动,举办校园体育知识讲座,营造良好的校园体育文化氛围,以良好的文化环境教育人、改造人。

(5)休闲娱乐,即实现体育修身养性的属性,提高人的人文素养和高雅风度。如通过拓展训练、形体训练等课程的学习,培养优雅、高贵的气质。

本教材强调与专业特色相结合,以实用、简单、新颖、有特色为编写原则,力图体现"以人为本,健康第一,和谐发展,修身养性"的体育教学理念和价值观。本教材分为航海职业体育和基础体育两部分,主要内容包括航海体育概述、体育运动竞赛的组织、海上体育保健与运动处方、职业实用体育运动、休闲体育类项目、低体能类项目、中体能类项目、高体能类项目、特色推广类项目等。

本教材在编写过程中,得到了青岛远洋船员职业学院领导和基础部负责人的大力支持和指导。同时,参考和借鉴了国内有关学者的研究成果及相关教材。在此向相关人员一并表示衷心感谢!

编 者
2016 年 8 月

目录

模块一　航海体育概述··（ 1 ）
　　第一节　我国航海事业与航海体育···（ 1 ）
　　第二节　航海人员生活工作特点与体育锻炼···（ 3 ）

模块二　游泳··（20）
　　第一节　游泳运动概述··（20）
　　第二节　蛙泳和自由泳··（23）
　　第三节　实用游泳技术与水上救护···（36）
　　第四节　游泳运动损伤防治和游泳前的准备活动·····································（42）

模块三　航海联合器械训练··（45）
　　第一节　抗眩晕训练···（45）
　　第二节　空间定向能力训练··（54）

模块四　舢板运动···（62）
　　第一节　舢板的起源及发展··（62）
　　第二节　舢板荡桨技术··（64）
　　第三节　舢板运动的竞赛规则及相关赛事··（75）
　　第四节　舢板的日常保养···（78）
　　第五节　舢板运动损伤的预防和处理··（80）

模块五　帆船运动···（82）
　　第一节　帆船运动的起源与发展··（82）
　　第二节　了解帆船···（83）
　　第三节　风力和风向···（86）
　　第四节　帆的工作原理··（88）
　　第五节　帆船的装配···（93）
　　第六节　帆船的操纵···（97）
　　第七节　翻船事故的处理···（101）
　　第八节　航行权···（107）

模块六　拓展训练 ……………………………………………………（111）
　　第一节　拓展训练基本原理 ………………………………………（111）
　　第二节　如何组织拓展训练 ………………………………………（113）
　　第三节　常见的拓展训练项目 ……………………………………（115）
模块七　形体训练 ……………………………………………………（137）
　　第一节　健美操 ……………………………………………………（137）
　　第二节　瑜伽 ………………………………………………………（140）
附录　穴位示意图 ……………………………………………………（153）
参考文献 ………………………………………………………………（158）

Part 1

模块一 航海体育概述

我国大约有60余万名海员,海员体育一直是我国群众体育一个不可或缺的组成部分。海员航海职业的工作生活环境和特点不仅直接影响海员的身心健康水平,也赋予了海员体育活动的独特色彩。中国航海事业要在激烈的竞争与挑战中立于不败之地、蓬勃发展,就必须拥有大批具有健康体魄的高素质人才。要做到这一点,在海员群体中推行《全民健身计划纲要》,广泛开展健身运动,切实提高体质健康水平,是极其重要的。

第一节 我国航海事业与航海体育

一、我国航海事业的发展与航海人才

我国位于亚洲的东方,濒临西太平洋,有着漫长的海岸线与众多的岛屿,是一个航海自然条件非常优越的大陆性兼海洋性国家。

我国的航海历史极为悠久,远古航海文明萌芽的产生起码可以追溯至遥远的新石器时代。至少从公元前3世纪起,直到15世纪中叶为止,中华民族古代航海事业与航海技术始终居于世界领先地位。

夏、商、周及春秋战国时代(公元前21世纪—公元前221年)是我国古代航海事业的起步和形成时期。随着社会生产力的发展与青铜生产技术的出现与成熟,木板船与风帆产生了。从此,有目的、有计划、有组织的较大规模的航海活动开始,以物资运输、人员迁徙、文化传播、外交往来为主要内容的航海行为与日俱增。中国沿海的区域与当今的日本列岛、朝鲜半岛、中南半岛的海上交往在古代史籍中已有较多的记载,甚至已具备某种远洋航海的可能性。尤其是春秋战国时代,随着生铁生产技术与铁制工具的出现,木板船进而发展,结构渐趋复杂,吨位日益加大。航海活动不仅限于大规模的运输,而且已被应用于大规模的海上作战和对远方水域进行海洋探险。

秦、汉时代(公元前221—公元220年)是中国古代航海事业的发展时期。沿海全线畅通无阻,秦人徐福船队远航日本,西汉远洋船队驶出马六甲海峡,到达印度半岛南段,并形成了我国历史上第一条印度洋远洋航线——"海上丝绸之路"。三国、两晋、南北朝时代,国内政局动荡、军事纷争,经济发展受到影响,航海缺乏秦汉时代的大幅度上升势头,处于相对徘

航海体育 Marine Sports

徊期。不过,三国时期吴国的航海仍然规模相当庞大,范围相当广阔,具有代表性的是孙权与辽东半岛公孙氏的海上交往,卫温、诸葛直船队浮海到达台湾,聂友、陆凯船队的海南岛之行,以及朱应、康泰船队的南洋远航。东晋时代有孙恩、卢循所领导的海上大起义,法显和尚从印度洋航海归国等。南朝时代则有中日之间北路南线航路开辟,中国远洋海船越过印度半岛,抵达波斯湾,以及慧深和尚远航墨西哥的传说等。

隋、唐、五代时代(公元589—公元960年)是中国古代航海事业的繁荣时期。尤其是唐代,社会生产力迅速发展,科技文化全面繁荣,国际交往十分频繁,推动着中国古代航海事业进入了繁荣时期。中国海船制造工艺技术先进,结构坚固精良,载重吨位硕大,中国航海无论在近海与远洋航行方面均独步世界。在北方航路上,与渤海围、朝鲜半岛、日本列岛的交往非常频繁,并开辟了西北太平洋上的堪察加与库页岛航线及横越东海的中日南路快速航线;在南洋与印度洋航路上,"海上丝绸之路"全面兴旺,航迹遍及东南亚、南亚、阿拉伯湾与波斯湾沿岸,并伸展至红海与东非海岸,开辟了直接沟通亚非两洲的长达1万多海里的世界性远洋航线。与此同时,从唐代中后期开始,航海政策发生了重大改革,航海活动的经济价值得到了重视,出现了专门管理海外航运贸易的官吏与机构,胶州、广州、泉州、扬州、登州等成为闻名中外的航海贸易大港。五代十国混乱时期,生产力虽遭到很大破坏,但是偏隅东南沿海的一些地方政权如南汉、闽、吴越等的航海活动仍相当活跃,与南洋、日本方面的海上交往有增无减。

宋、元、明初郑和下西洋时代(公元961—1433年)是中国古代航海事业的全盛和顶峰时期。传统的航海事业很快恢复,并进入长期活跃的全盛时期。这一时期,航海贸易政策将航海事业与整个国民经济密切联系在一起。明初的永乐、宣德年间,郑和率领当时世界上最庞大的官方远洋船队七下西洋,遍访亚非各国,将中国古代航海事业推入到前所未有的巅峰。

明中叶至清鸦片战争(1433—1840年)是中国古代航海事业的衰落时期。这一时期,海运除官方漕运等,对海外的航运活动则基本上受制于闭关锁国的海禁政策,进退维谷,逐渐陷于被动,并逐渐与西方海运突飞猛进的发展拉开了距离,并最终导致了晚清的航权丧失及航海的全面萧条和落后。

1949年新中国成立后,经过60多年的发展,我国的航海事业取得令人瞩目的成就,发生了翻天覆地的变化。海运作为外贸运输的重要运输方式,承担了中国90%以上的外贸货物运输量,港口接卸了95%的进口原油和99%的进口铁矿石,保障了中国对外贸易运输和国民经济的快速发展。

航海对人类经济、政治、社会、文化的发展起到不可估量的作用,从某种意义上说,没有航海就没有今天的世界,没有航海的发展也不可能有中国飞速发展的今天。在当今全球经济一体化的大背景下,航海对国际社会不仅有着举足轻重的地位和作用,而且是全球经济一体化得以实现的重要前提。

航海关系着国家的生存与发展,要实现国家对海洋事业发展的总体规划,要实现21世纪中华民族的伟大复兴,一个健康和向上的航海人才队伍的建设是其中的关键所在。中国的航海事业需要一大批优秀的航海人员,未来的航海人不仅要掌握先进的科学技术,更要有强壮的身体、坚毅的性格、勇于挑战的精神,这样才能真正成为一名优秀的航海人。航海体育锻炼为实现这个目标提供了一个很好的途径。航海人员只有经过专业系统的航海体育的学习,才能应付海上航行中出现的各种困难,才能顺利完成航行任务,成为一名优秀的航海人才。

二、航海体育简述

航海体育是伴随着航海事业的发展应运而生的,是以服务于航海从业人员(海员)的工作技能要求,增强海员适应海上生活所必需的身体、心理素质为目的而组成的体育项目的集合。

STCW 公约马尼拉修正案已于 2012 年 1 月 1 日生效。关于海员的体能和健康标准,新公约有更加明确的规定。如在 A-1/9 中,要求在职船员有"足够的视野";在 B-1/9"对海员准入体能和在职体能的评估"中,对相关的身体能力要求则更加详细:保持平衡及行动敏捷,能够不需协助地爬上直梯和阶梯、跨越高的门槛,操作机械设备所需的力量、机敏及耐力,提起、拉动和承担负载(如 18 kg),摸高,保持更长时间的站立、行走能力;在 A-VI/1-4"个人安全和社会责任的最低适任标准"中,要求船员具备:穿着救生衣的游泳能力和不穿救生衣的漂浮能力,以及团队精神、交流沟通能力、抗疲劳的能力等。根据公约的要求,作为海员必须掌握游泳、攀爬等基本技术,具备较强的上肢力量、耐力、协调性、灵敏性等基本素质。

目前,航海体育包括荡桨、帆船、浪木、翻梯、拓展训练、形体训练、健身气功等。荡桨、帆船等项目是船员求生的基本技能之一;浪木、翻梯等航海联合器械训练项目可以有效地提高海员平衡能力及抗晕船的能力,以适应海上的工作、生活;拓展训练项目是培养海员团队精神、交流沟通能力重要方式;形体训练可以塑造邮轮乘务从业人员所必须具备的基本体型、体态;健身气功能够为海员在船上生活的特殊环境中提供最为适宜的心理和生理调节。

本书将逐一对这些项目进行详细介绍,为学习者成为一名合格的航海从业者提供帮助。

第二节 航海人员生活工作特点与体育锻炼

航海人员长期生活在海上,他们的生活和工作环境不同于陆地。与陆地上的生活和工作相比,航海人员的生活和工作呈现出一些显著的特点。

一、航海人员生活工作特点

(一)生活节律紊乱

按照自然环境的节律变化,人会形成一定的生理活动节律,如中枢神经系统高级部位的活动,血液动力、体温调节、肌力和耐力、体力及智力工作能力、消化器官活动等等。肌力和耐力、体力及智力工作能力和生理功能会出现在昼夜周期变化。

科学家们研究发现人的体力和脑力活动、血液动力学和胃肠功能指标,在夜里 1~3 时最低。经调查在此段时间内发生海难事故最多。

目前我国和大部分航海国家船员值班制度是每天分为 6 个班,每班 4h,即 08:00~12:00(20:00~24:00),12:00~16:00(00:00~04:00),16:00~20:00(04:00~08:00),三班轮转,昼夜不停。每人每天上 2 个班,上班 4h,休息 8h。这样的劳动时间安排使航海人员的睡眠断断续续、睡眠不充分。海员这种生物节律的重新建立一般要经过约 2 周的时间。当生物节律重建的时候,海员就会感到疲劳,出现无力、反应迟钝,夜间失眠、白天嗜睡,工作能力下降。同时,长期远航时,在10~15天内船舶有时要越过5~7个时区,也会引起人的生理功能节律的破坏。刚刚建立新的生物节律时,船舶可能又要停靠码头,作息时间与航行时又不一致,需重新适应。周而复始,这就需要海员不断去适应。

(二)心理失衡

航海人员出航后,长时间漂泊在海上,远离亲人和陆地人群,各自分开轮班,彼此交往时间少,工作紧张繁忙,生活单调,没有娱乐活动,看不到电视节目及报纸。船员假如在国际海船上服务,又加上语言沟通有障碍,风俗习惯、饮食不同,以及工作上的等级关系等,常造成人际关系淡薄,更加重了心理负担,容易造成心里失衡。一般情况下航行四五个月后,船员容易脾气暴躁,发火,与人争吵,有的甚至开始酗酒、滋事,影响正常的工作。

(三)工作生活条件艰苦

国际海洋界一致认为,航海条件是很艰苦的环境之一。航海人员会长期受海洋、船舶、小群体社会诸多因素的影响,处于工作、生活的艰苦条件中。船舶舱室空间狭小,居住密度高、相互接触频繁,容易传播传染疾病。遇到风浪时,部分海员要承受晕船的痛苦,不思饮食,严重影响身体健康。船上的噪声、振动,高温或低温,辐射、化学有毒物质,空气污染及鼠虫害等都可影响船员的休息、睡眠和健康。

(四)饮食单一

航线较长的航行,往往会出现饮食单调的问题。新鲜蔬菜不宜长久存放,一般仅可供5天左右。随着航行时间延长,新鲜蔬菜供应日益减少。因此,海员的副食品以含高脂肪、高胆固醇的食物,如罐头、冷冻食品、干菜类食品为主,使海员热量摄入过多,血清胆固醇增高,微量元素及维生素减少,易患高脂血症、肥胖症、高血压病、糖尿病等。受船上条件限制,烹饪炊具不全,厨师的烹饪技术难以发挥,做法不能多样化,且长时间进食某一个或某几个厨师所烹饪的饭菜,口感单一,也会导致海员食欲不佳。

(五)医疗条件不足

目前绝大多数的远洋船上不配备船医,船员们虽然在上船前经过短期医疗知识培训,了解一些最基本的自救、互救常识,但毕竟不是专业医务人员,缺乏专门的医学知识,一旦遇到稍复杂的急诊、重症疾病等就难以做出正确处理,很容易延误病情。有时虽然可以通过无线电得到医学咨询服务,但被咨询的医师不能到现场,只能提供初步的诊疗方案,具体实施也很难完成。再者船上的药物在数量上和种类上都很有限,不可能备那么全,也会导致海员常常得不到最有效的药物治疗。总之,在船上海员完全处于医疗条件不足的状态。

二、航海人员体育锻炼的重要性

航海人员长期在船上生活,活动受限引起的运动不足,会对海员的健康和工作能力产生不利的影响。

(一)体育锻炼不足对航海人员的身体危害

运动量不足会引起能量消耗减少,造成心血管系统负荷明显降低,表现为心脏功能下降,心搏量和每分钟血液输出量、静脉血液回流量减少,血液循环调节出现明显障碍,周围血管张力降低,局部的血液循环障碍等。这就很容易引起心血管系统疾病。

运动不足可引起神经系统及内分泌系统的功能失调。大脑皮层抑制过程占优势,中枢神经系统及其反射和联想活动明显减弱,记忆力下降,反应迟钝,错误增多,还会形成睡眠障碍。同时也会引起营养物质代谢紊乱,脂类和胆固醇含量增加,血液黏稠度加大,皮质醇及儿茶酚胺水平相应变化,增加心、脑血管疾病的发病概率。

运动不足也可引起肌紧张度大幅度的降低及肌肉活动强度的长期减少。航行期间,活动受限,肌肉习惯的机能活动明显减少,松弛状态下的肌肉张力有明显下降的趋势,肌肉静态、动态耐受性降低。多数海员的体力负荷主要与静态紧张有关,值班时长期处于被迫姿势。而这种静态紧张负荷不能弥补在岸上已习惯的积极活动长期受限的影响。因此,除了那些不良航行因素的影响外,海员缺乏锻炼、运动不足是引起机体某些机能障碍和工作能力下降的重要诱因。

在船上利用现有的条件,通过积极的体育锻炼,全面提高身体素质,保持良好的耐力和对海上环境的适应能力,保持心理健康,是提高工作效率、降低发病率的重要手段。

(二)体育锻炼对航海人员身体健康的重要影响

1. 对心血管系统的影响

经常参加体育锻炼可以使心脏血液输出量增加,降低安静和活动时的心率,减少心脏的工作时间,同时使营养心肌的冠状动脉的血液量增加,心肌细胞能获得更多的氧气和营养,心肌越来越粗壮,心脏容积增大、重量增加,心脏功能增强。

体育锻炼可使外周血管弹性增强,血流阻力减少。肌肉活动对大脑皮质的影响使调节血管收缩与舒张的神经中枢活动趋于正常,同时肌肉的收缩会导致一些化学物质产生,这些物质进入血液内有扩张血管的作用,从而使血压降低,有效地预防高血压病的发生。

体育锻炼可以促进人体新陈代谢,增强脂肪的利用,提高高密度脂白含量,增加纤维蛋白溶解酶的活力,有利于控制动脉粥样硬化的进一步发展,防止血栓形成和冠心病的发生。

2. 对呼吸系统的影响

适当的活动或重体力劳动时,随着呼吸运动的加强,体内物质代谢的影响,人体需氧量增加(比安静时大概增加20倍左右)。经常参加体育锻炼,可以逐渐增强呼吸肌的力量和耐久力,扩大胸腔的活动范围,使充满气体的肺泡增多,肺活量增大。一般成年人的肺活量为2500~4000mL,经常锻炼后肺活量可达4500~6500mL左右。肺活量大的人呼吸深而且慢,每分钟约8~10次,而一般人的呼吸频率浅而快,每分钟12~18次。由于肺活量大,呼吸深而慢,使每次呼吸后会有较长的休息时间,这样心脏就不容易疲劳,在轻度运动或劳动时不会出现呼吸急促、胸闷、气短等现象。而运动不足或缺乏锻炼的人,因肺活量小,换气率低,呼吸表浅而快,容易造成缺氧和二氧化碳在体内潴留,导致体内酸性代谢产物堆积,在运动或强体力劳动时造成呼吸肌过度紧张和疲劳,经常会产生胸闷、气短和膈肌牵扯痛等现象。此外,体育锻炼时的深呼吸运动还能使心脏得到锻炼。这是因为心脏与两肺相邻,深呼吸时两肺对心脏能起到有节奏地挤压作用,有利于静脉血液回流。

3. 对消化系统的影响

参加体育锻炼可能使人体内的代谢活动加强,能量消耗增加。像一般的体育锻炼,如慢跑,人体的能量消耗是平时的5~6倍。而能量消耗的增加,就需要消化器官加强活动,以便更好地吸收食物中的营养成分,满足机体的需要。体育锻炼后在神经、体液的调节下,消化腺分泌的消化液增加,消化管蠕动加强等,这样就促进了对食物更好地消化和吸收。此外,体育锻炼使呼吸活动加强,膈肌和腹肌的活动范围也相应增大,对肝脏和胃肠起按摩作用,促进了人体消化、吸收和排泄等功能。同时,通过体育锻炼可使大脑神经系统的功能得到改善,使人精神饱满、乐观豁达,消除了不良情绪,也能使胃肠功能得到进一步改善和增强。

4.对肌肉的影响

在体育锻炼的过程中,肌肉中的水分减少,蛋白质、肌糖原等物质增多,使肌肉能得到更多更充分的营养物质供应,肌纤维变粗,肌肉体积增大,肌肉发达而有力量。不仅如此,体育锻炼还可以提高神经系统对肌肉的控制能力,使肌肉对神经刺激所产生的反应也会更加迅速和准确,使身体的各部分肌肉得以协调的配合。肌肉发达、力量的增加,对某些疾病具有一定的预防作用,如腹肌和盆腔肌力量的增加,使腹腔内的消化器官保持正常的位置,并能强化消化道平滑肌作用,防止内脏下垂和便秘等疾病的产生。

5.对骨骼的影响

参加体育锻炼,不仅促进了血液循环,加强了新陈代谢,而且骨的结构及耐受能力也发生了变化,表现为:骨密质增厚,骨变粗,骨小梁由于受到肌肉的牵拉和外力的作用,排列更加规律有序,增加了骨的坚韧性,附着在骨骼、关节周围的韧带更加粗壮,有较强的伸展性能。以上均有利于骨骼承受更大的外力作用,提高抗弯、抗断和耐压的能力;扩大了关节活动的幅度和提高了关节的灵活性;增强了关节的牢固性和稳定性。

6.对营养物质代谢的影响

新陈代谢是生命活动的基础,机体不断地与外界环境进行物质交换,摄取糖、蛋白质、脂肪、水、无机盐及维生素等,在体内将其转换为营养成分,供机体利用,同时将其自身原有的物质进行分解,释放能量,并把分解产物排出体外。所以经常参加体育锻炼,对机体的代谢能力将起到积极的作用。

糖是人体所需能量的主要来源,人体所需能量的60%~70%是由糖分解产生的;脑组织所需的能量几乎都是糖提供的,对血糖水平有较大的依赖性。体育锻炼能促进体内组织细胞对糖摄取和利用,增加肝糖原和肌糖原的储存,同时还能改善机体对糖代谢的调节能力。

蛋白质是维持生命和构成组织所必需的物质,如体内的重要物质如酶、血红蛋白、某些激素等都是由蛋白质组成的,如果蛋白质供应不足,人体抵抗疾病的能力就会下降。而体育锻炼就可以加强蛋白质的代谢过程,提高酶的活性。

脂肪是人体内供应能量和储存能量的物质,它在体内氧化分解时所释放的能量约为同等量的糖和蛋白质的2倍。当糖和蛋白质供应不足时,人体一部分脂肪才被氧化,分解提供能量。体育锻炼能增加肌肉中的能量消耗,使脂肪分解为自由脂肪酸进入血液,供组织细胞摄取并氧化提供能量。同样,体育锻炼还能有效地抑制脂肪酸的合成,从而使脂肪合成减少。

7.体育锻炼还可以提高人体适应环境的能力及培养良好的意志品质

经常体育锻炼的人对外界环境有更强的适应能力,主要是通过体育锻炼,身体的各组织系统在中枢神经调节下,承受外界刺激和协调各组织器官的能力得到增强,如通过锻炼,船员可以减轻晕船的程度或不晕船。在各种外界环境和条件下进行锻炼,机体的适应能力不断提高,如经常用冷水擦身或进行冷水浴,冬季就会增强抗寒能力、不感冒。做任何事情成功者都需要有坚强的意志品质,通过长期体育锻炼的过程就可以培养出一个人的意志品质,经常参加体育锻炼需要有为实现目的的自觉性、自制力和长期坚持性,如果没有克服困难和战胜困难的毅力,是不可能实现的。同时在锻炼过程中,身体要承受一定的运动负荷,也会进一步增强了人的意志品质。

三、航海体育保健

航海专业的从业人员在海上工作、生活中如缺少专业人员的指导,仅凭借自己的经验制定健身方案,非常容易导致身体的不健康或运动损伤的出现。体育保健与运动处方是研究人体在体育运动过程中的保健规律与自我保护措施的一门综合的应用科学。学生通过对这门学科的学习,应掌握体育保健学的基本理论、基本知识和基本技能,为今后在航海生活中从事的体育锻炼提供自我保护和自我救助,使体育运动在促进人体生长发育、增强体质和提高健康水平方面发挥应有的作用。运动处方在体育活动的实践当中具有极重要的意义。尤其在健身活动中,针对个人的具体情况,准确开具有效促进健康的运动处方,是每个体育活动参与者的基本素养。

(一) 体育锻炼与营养

体育锻炼是指运用体育运动内容、手段和方法,结合自然力和卫生因素,以锻炼身体、增强体质、调节精神、丰富文化生活为目的的身体活动过程。要想获得良好的锻炼效果就需要了解一些与营养相关的知识。

营养素与健康有着密切的关系,它包括蛋白质、脂肪、糖类、维生素、矿物质、水和膳食纤维七大类。

1.蛋白质

蛋白质的主要功能是:构成机体组织,促进生长发育;构成酶和激素成分,调节酸碱平衡及全身生理机能,增强机体抗病免疫能力;供给热能。缺乏蛋白质,会影响机体生长发育,造成肌肉萎缩,甚至贫血,并出现抗病力下降、内分泌紊乱、伤口不易愈合等问题。日常生活中的肉、蛋、奶等是动物蛋白质的主要来源,而豆类是植物蛋白质的主要来源。中国营养学会建议,成年人蛋白质摄入量为每日每千克体重 1.0~1.9g;青少年应当更多一些,可达 3g。参加体育锻炼的人,在各自原有基础上应适量再增加一些。

2.脂肪

脂肪在体内构成细胞膜及一些重要组织,参加代谢,供给热能,保护内脏,保持体温,并有促进脂溶性维生素的吸收等作用。动物性脂肪来源于各种动物油、奶和蛋黄等,而植物性脂肪主要来源于各种植物食用油。另外,核桃、花生、葵花籽等干果也可以为机体提供较丰富的脂肪成分。

3.糖类(碳水化合物)

糖类在体内的首要作用是供给热能,人体所需能量的 60%~70% 是由糖类供应的。它还构成组织成分并参与其他物质代谢,对中枢神经系统有特殊的营养作用;能调节脂类代谢,具有解毒、保肝的作用。机体缺糖会使血糖下降,影响中枢神经系统的机能,使其兴奋性下降,反应迟钝,导致人的四肢无力,动作协调性下降,甚至会晕厥,运动不能继续。糖的来源较为广泛,食物中的米、面、谷物约有 80% 属于糖类。也可直接从糖果及饮用含糖饮料中合理摄取糖类,以提高肝糖原、肌糖原储备。

4.维生素

维生素是维持人体生命和调节正常机能不可缺少的一类营养素。它们在体内的储存量很少,必须经常从食物中获取。

5.矿物质(无机盐)

人体内矿物质元素种类很多,总量约占体重的5%,是构成机体组织成分、调节生理机能的重要物质。其中较多的有钙、镁、钾、钠、硫、磷等。其他如铁、氟、锌含量很少,称为微量元素。人体在物质代谢过程中,每天都有一定量的矿物质从各种途径排出体外,必须从食物中得到补充。矿物质在食物中分布极广,正常膳食一般都能满足机体需要。其中最易缺乏的是钙和铁。

钙在体内的主要作用为:构成骨骼和牙齿,维持神经的正常兴奋性,参与凝血过程等。成年人每日需钙0.6g;儿童及孕妇、老年人的需要量较高,大量出汗也可使钙的排出量增多,每日需钙可达1~1.5g。含钙较多的食品有海带、豆制品、芝麻、山楂、绿叶蔬菜等。钙和磷在体内的关系非常密切,两者在血液中只有达到一定的浓度水平才能共同完成其生理机能。所以,在补充钙的同时,要注意从含蛋白质的食品中摄入磷。

铁的主要作用是构成血红蛋白。缺铁可影响血红蛋白生成,导致缺铁性贫血,降低血液载氧功能,使全身功能低下。成年男子每日需铁12mg左右,青少年、妇女每日需铁15mg左右。大量出汗可增加铁的丢失,应给予额外补充。含铁量多的食物有动物肝脏、动物血液,其他还有蛋黄、肉类、豆制品、红糖、沙棘果等。

6.水

水在体内的主要作用为:构成机体的主要成分,参与全身所有的物质代谢,完成机体的物质运动,调节体温,保证腺体正常分泌。体内的水分必须保持恒定,既不储存多余的水,也不能缺水。缺水若不及时补充将影响正常生理机能。大量出汗后补充水分的同时,要补充适量盐分,以补充电解质的丢失。每个人每天水的供给量应为2000~2500mL。

7.膳食纤维

膳食纤维是一般不易被消化的营养素,主要来源于植物的细胞壁。它的主要功能有清洁消化壁,控制血液中血糖和胆固醇水平,在维持消化系统健康中扮演重要角色。

进行体育锻炼时,中枢神经系统活动紧张,内分泌机能提高,酶系统活跃,新陈代谢旺盛,单位时间内的能量消耗数倍甚至十数倍于安静状态,体内的糖、脂肪被大量分解供能,蛋白质代谢更新加快,大量的维生素、无机盐参与分解代谢而加大流失。这些变化,使机体对各种营养物质的需求量大为增多。体育锻炼造成的这些能量消耗,要在运动结束后通过合理的营养膳食得到补充。如果缺乏合理营养保证,消耗得不到补充,机体处于一种"亏损"状态,久而久之会使锻炼者生理机能及运动能力下降,出现乏力疲劳甚至导致疾病。

(二)体育锻炼与生活方式

1.安排合理的体育消费结构

体育消费是用于改善社会健康状况、优化生活方式、提高生活质量的重要消费,对其投入被人称为健康投资。体育消费在消费结构中的地位与比重,常常可以反映出个人、家庭和社会的文明程度。有关调查表明,收入水平越高的家庭,体育用品消费所占的比重越大;文化程度越高的家庭,体育用品的消费支出越高。

2.培养体育锻炼的习惯

人们的行为习惯是生活方式的重要表现形式,对人们的健康影响极大。《2011年北京市卫生与人群健康状况报告》(俗称健康白皮书)显示,吸烟(包括被动吸烟)和饮酒等不良生活习惯,与恶性肿瘤、冠心病、脑卒中、高血压病等"非传染性四病"关系密切。可见,有不少人尚未意识到养成体育锻炼习惯的重要性,急需加强这方面的意识培养。同时,根据调查表明,海员吸烟及饮酒的比例远远高于普通人群,这就要求海员更要加强体育锻炼习惯的养成。

3.闲暇时间的体育锻炼

社会学家预言,在未来社会,人们的工作比例为3∶7,即30%的时间工作,70%的时间赋闲。很显然,人们需要通过参与各种感兴趣的社会活动填补空闲的时间。中国人面对迅猛增加的余暇时间显得有点手足无措,在余暇时间的使用上存在较大的浪费现象。在我国海员的闲暇时间支配方式中,看电影为第一位,占82.5%;玩电子游戏为第二位,占54.2%;从事体育活动为第三位,占21.3%。这固然与海上生活条件限制有关,同时也说明海员用于体育锻炼的时间还不多,有较大的提升空间。

4.调节生活节奏,缓解压力

在长时间的海上工作、生活中,由于环境的封闭,人的心里很浮躁,感情变得很冷漠。而体育锻炼是一种感情色彩极强的活动。在体育锻炼中,人们追求积极向上的荣誉感,获得相互交往的亲和感,得到对集体、社团的信赖感和依托感,在和睦欢乐的气氛中享受归属感和稳定感,并追求愉悦和快感。总之,体育锻炼可以拓宽人们的生活空间和心理空间。

(三)体育锻炼的自我监督

海员在远程航行的过程中进行体育锻炼是,应注意对自身状况的自我监督。

体育锻炼的自我监督内容包括主观感觉和客观检查,具体可依据以下内容实施:

1.运动欲望

运动欲望正常时应精神饱满、精力充沛、自信心强。而情绪低落、心情不佳、厌烦运动则是运动心情低落的表现。

2.身体感觉

身体感觉正常时自我感觉良好,身体无不适感觉。如运动中或运动后异常疲劳,有头晕、恶心、呕吐、全身无力、肌肉酸痛等不良反应时,应详细记录,进行调整。

3.睡眠

良好的睡眠就是入睡快,睡眠深而少梦,晨醒后头脑清醒、精神状态好。如果入睡慢,容易做梦,睡中易醒,日间无力、嗜睡,精力不集中,容易疲劳等,则表明睡眠失常。

4.饮食

参加体育锻炼消耗能量大,所以食欲会变得越来越好,想进食且食量大。如果运动后不想进食,食量减少,表明运动量安排不当或身体健康状态不佳。

5.排汗量

排汗量应与平时无明显差别,尿量无大的变化。如轻微活动就会大量出汗,表明疲劳或某些功能不良,特别是有自汗和夜间盗汗现象则表明身体极度疲劳或有其他疾病。

6.心率

一般在早晨起床前测定晨醒后的脉搏应平稳,锻炼一段时间后会稍有下降。如出现晨脉增快,或心律不齐,可能与疲劳和训练强度有关,应注意观察。

7.体重

进行耐力运动(中等运动强度)时,体重应该是平稳的。但在锻炼初期,由于水分和部分脂肪的丢失,可使体重下降 2~3kg,以后因肌肉体积增加,体重还会稍回升而保持平衡。如体重持续下降,表明有严重的疲劳或患有其他消耗性疾病。

8.肺活量

有条件时,应在运动前做一次肺活量检查。参加有氧代谢的运动后,肺活量会增加一些。如持续下降,则表明肺功能不良。

四、常见运动损伤与预防

船员在海上工作与生活中,身边缺少专业的医务人员指导,因此应具备运动损伤及预防的相关知识,以便预防和治疗遇到的运动损伤。

(一)开放性软组织损伤

1.常见损伤类型

(1)擦伤

擦伤是皮肤表面与粗糙的物体相摩擦而引起的皮肤表层损伤,主要征象为表皮剥落,有少量出血和组织液渗出。如在做跪地动作时,膝盖与地面发生摩擦而导致的擦伤。

(2)裂伤

裂伤是因钝器打击引起皮肤和软组织的撕裂,伤口边缘不整齐,组织损伤广泛,出血较多,严重者可导致组织坏死。如受刀、剑打击而引起的裂伤。

(3)刺伤

刺伤是因尖细物体刺入人体所致。其特点是伤口细小,但较深,可能伤及深部组织或器官,严重者可导致组织坏死。如针、剑打击而引起的刺伤。

(4)切伤

切伤是因锐器切入皮肤所致。伤口边缘整齐,多呈直线,出血较多,但周围组织损伤较轻。深的切伤可切断大血管、神经、肌腱等组织。如受刀、剑砍、劈而引起的切伤。

以上这些损伤的特点是有出血和开放性伤口,所以处理时必须进行止血和清洗伤口。

2.损伤处理方法

(1)冷敷法

用冷水或冰袋敷于伤部。常与加压包扎和抬高伤肢法同时使用。

(2)抬高伤肢法

将伤肢抬高于心脏平面15°~20°。常在绷带加压包扎后使用。

(3)加压包扎止血法

用无菌敷料覆盖伤部并用绷带加压包扎,也可用消毒三角巾、餐巾等代用,是目前最常用的一种止血方法。

(4) 加垫屈指止血法

将棉垫或绷带卷放于肘窝或膝关节窝处,屈前臂或小腿,再用绷带作"8"字形缠好包扎。

(5) 直接指压法

用手指指腹直接压迫出血动脉的近心端。为了避免感染,宜用消毒敷料、清洁的手帕或清洁纸巾盖在伤口处,再进行指压止血。

(6) 间接指压法

又称为止血点止血法,是止血方法中最重要、最有效且极简单的一种方法。实施时用手指把身体浅部的动脉压在相应的骨面上,阻断血液的来源(主要适用于动脉出血的情况)。但这只能起到临时止血的作用。重要的止血点有颞浅动脉止血点、颌外动脉止血点、锁骨下动脉止血点、肱动脉止血点、股动脉止血点和胫前、胫后动脉止血点6个。

(7) 止血带止血法

适用于四肢动脉出血,当其他止血方法不能止血时才使用。止血带有橡胶止血带、气性止血带(如血压计袖带)和布制止血带,其操作方法各不相同。橡胶止血带是用特制的橡胶管制成,操作时左手在离带端约10cm处由拇指、食指和中指紧握,使手背向下放在止血带的部位,右手持带中段绕伤肢一圈半,然后把带塞入左手的食指和中指之间,左手的食指和中指紧夹一段止血带向下牵拉,使之成为一个活结,外观呈"A"字形。按上肢半小时、下肢一小时松开一次。

(8) 清洗伤口的方法

小面积的皮肤擦伤,污染不重者用红药水或紫药水涂抹即可,一般不需包扎。关节部位擦伤可在创面上涂抹消炎软膏并用纱布绷带包扎。大面积擦伤,污染较重者要用生理盐水冲洗伤口,将污物洗净,再用凡士林纱布绷带覆盖伤口,并以绷带加压包扎。裂伤、刺伤和切伤,轻者可先用碘酒或酒精将伤口周围皮肤消毒,然后在伤口上撒消炎粉,用消毒纱布覆盖,加压包扎。小的裂口,伤口消毒后可用粘膏黏合。裂口较长和污染较重者,应由医生做清创术,清除伤口内的污染和异物,切除失去活力的组织,彻底止血,缝合伤口。凡伤情和污染严重者,应口服或注射抗菌药物,预防感染。凡被不洁物致伤且伤口小而深者,应该注射破伤风抗毒素1500~3000国际单位,预防破伤风的发生。

(二) 闭合性软组织损伤

1. 挫伤

(1) 原因与特征

人体某部遭受钝性暴力作用而引起该处及其深部组织的闭合性损伤,称为挫伤,又称撞伤。如在对练过程中,被对方踢伤或打伤。挫伤的受伤部位可在躯干,也可在四肢。

根据受损的部位及打击时力量大小不同,挫伤的表现有所不同。以皮肤、皮下组织受到损害为例,表现为淋巴管与小血管破裂,部分肌纤维损伤或断裂,组织内有渗出液和出血。主要症状有疼痛、肿胀、压痛、局部皮肤青紫及功能障碍等。挫伤的同时伴有周围重要组织或脏器损伤的称为复杂性挫伤,是一种较严重的损伤。如头部挫伤,轻者可发生脑震荡,严重者可有颅骨骨折或合并脑挫伤而危及生命;胸、背部挫伤可合并肋骨骨折或肺组织的损伤,形成气胸或血胸;腰、腹部挫伤可合并肾挫伤和肝、脾破裂而引起内出血和休克;睾丸挫伤可因剧烈疼痛而引起休克。

(2)处理

单纯性挫伤在局部冷敷后外敷创伤药,加压包扎,抬高伤肢;头部、躯干部和睾丸挫伤除一般挫伤处理外,还应注意观察有无并发症的存在。如有并发症的出现,应立即进行相应的处理,待伤情稳定后,马上送医院治疗。

(3)预防

训练和比赛时,应提高自我保护意识和能力;纠正错误动作,避免误伤。

2.关节韧带损伤

关节韧带的损伤主要是由间接外力作用引起的一种闭合性损伤。在武术运动中最常见的关节韧带损伤是踝关节、膝关节、掌指关节和肘关节的损伤。

(1)原因与特征

在外力的作用下,关节发生超常范围的运动,关节内外韧带受到过度的或猛烈的牵拉而造成损伤。轻者仅为少量韧带纤维断裂,重者则是部分韧带纤维断裂或韧带完全断裂,甚至引起关节半脱位或完全脱位,同时可合并关节内滑膜、软骨损伤或撕脱骨折等。例如,武术运动员在练习跳跃动作时,落地不慎,常引发脚踝扭伤。

关节韧带损伤后会导致局部疼痛、肿胀。若伤及关节滑膜或韧带断裂及合并关节内其他组织损伤时,会出现整个关节肿痛或血肿,局部有明显压痛,关节运动功能障碍。

(2)处理

受伤后应立即冷敷,加压包扎,抬高伤肢并休息,以减轻出血和肿胀。24~28h后,拆除包扎固定,根据伤情可采用药物外敷、止痛药剂注射、理疗和按摩等。韧带完全断裂者,应在急救处理后马上送医院,以争取及早手术缝合或固定。

(3)预防

平时要加强关节力量和柔韧性的训练,提高关节稳定性和活动范围;在做跳跃或高难度动作时要做好充分的准备活动,要正确掌握动作技术,要注意加强自我保护意识,做好场地和器械的维护。

五、运动处方

1969年,世界卫生组织(WHO)开始使用运动处方术语,从而在国际上得到认可。运动处方的完整概念是:康复医师或体疗师,对从事体育锻炼者或病人,根据医学检查资料(包括运动试验和体力测验),按其健康、体力及心血管功能状况,用处方的形式规定运动种类、运动强度、运动时间及运动频率,提出运动中的注意事项。运动处方是指导人们有目的、有计划和科学地进行锻炼的一种方法。

鉴于航海从业人员的工作特点及工作环境的特殊性,除要达到基本的身体素质要求外,还要具备较高的耐力、力量、协调性。同时,各工种间存在着一定的差异(如轮机类船员的上肢力量要求更高),因此应根据其工作特点制定相应的运动处方。

(一)运动处方的优越性

大量的研究证明,体育运动具有显著的双向效应,即适当的体育锻炼可提高身体素质,增强体质,有益健康,而不适当的运动则可危害身体健康。正因为人们认识到这点,所以体育锻炼开始向科学、安全、有效的方向发展。而运动处方正是按照运动参加者的具体情况和爱好,制定合适的运动项目、运动强度、运动时间和运动频率等。按照运动处方进行锻炼,既可以确保安全,又有科学性和针对性,从而达到最佳的健身效果。归纳起来,采用运动处方进行锻炼有以下几方面的优越性:

1. 多快好省

指普及面广,收效快。不同运动基础、体力水平等的锻炼者,按自己的心率的强度锻炼 10~20min,持续进行 6~8 周,就能提高全身耐力水平,最多不超过 16 周即可达到良好的效果。

2. 安全可靠

指科学性、针对性强,效果好。根据运动处方中的内容、要求等进行锻炼,可以科学地监控运动量和评价运动效果,并能有效地防止运动损伤。

3. 计划性强

指目的明确,容易坚持。运动处方可使锻炼安排得当,锻炼得法,针对性强。它使锻炼者心中有数,能看到收效,大大提高练习者的运动兴趣,易于经常坚持。

(二)运动处方的内容

运动处方的内容应包括运动种类、运动强度、运动时间、运动频率、运动进度及注意事项等。运动处方的运动种类可分为三类,即:耐力性(有氧)运动,力量性运动,以及伸展运动和健身操。

1. 耐力性(有氧)运动

耐力性(有氧)运动是运动处方最主要和最基本的运动手段。在治疗性运动处方和预防性运动处方中,主要用于心血管、呼吸、内分泌等系统的慢性疾病的康复和预防,以改善和提高心血管、呼吸、内分泌等系统的功能。在健身、健美运动处方中,耐力性(有氧)运动是保持全面身心健康、理想体重的有效运动方式。有氧运动的项目有步行、慢跑、走跑交替、上下楼梯、游泳、自行车、功率自行车、步行车、跑台、跳绳、划船、滑水、滑雪、球类运动等。

2. 力量性运动

在运动处方中,力量性运动主要用于运动系统、神经系统功能障碍的患者,以恢复肌肉力量和肢体活动功能为主。在矫正畸形和预防肌力平衡被破坏所致的慢性疾患的康复中,通过有选择地增强肌肉力量,调整肌力平衡,从而改善躯干和肢体的形态和功能。力量性运动根据其特点可分为电刺激疗法(通过电刺激,增强肌力,改善肌肉的神经控制)、被动运动、助力运动、免负荷运动(即在减除肢体重力负荷的情况下进行主动运动,如在水中运动)、主动运动、抗阻运动等。抗阻运动包括等张练习、等长练习、等动练习和短促最大练习(即等长练习与等张练习结合的训练方法)等。

3. 伸展运动和健身操

伸展运动和健身操较广泛地应用在治疗、预防和健身、健美各类运动处方中,主要的作用有放松精神,消除疲劳,改善体型,防治高血压、神经衰弱等疾病。伸展运动及健身操的项目主要有太极拳、保健气功、五禽戏、广播体操、医疗体操、矫正体操等。

(三)运动处方的运动强度

1. 耐力性(有氧)运动的运动强度

耐力性(有氧)运动是运动处方的核心及设计运动处方中最困难的部分,需要有适当的监测来确定运动强度是否适宜。运动强度是指单位时间内的运动量,即:运动强度=运动量/运动时间。而运动量是运动强度和运动时间的乘积,即:运动量=运动强度×运动时间。运动强度可根据最大吸氧量的百分数、代谢当量、心率、自觉疲劳程度等确定。

2.力量性运动的运动强度和运动量

(1)决定力量练习的运动量的因素

在参加运动的肌肉群中,大肌肉群的运动量大,小肌肉群的运动量小。例如,肢体远端小关节、单个关节运动的运动量较小;肢体近端大关节、多关节联合运动,躯干运动的运动量较大。

就运动的用力程度来看,负重、抗阻力运动的运动量较大;不负重运动的运动量较小。

就运动节奏而言,自然轻松的运动节奏,运动量较小;过快或过慢的运动节奏,运动量较大。

就运动的重复次数而言,重复次数多的运动量大。

就运动的姿势和位置来看,不同的运动姿势、位置对维持姿势和克服重力的要求不同,运动量也不同。

(2)力量练习的运动强度和运动量

力量练习的运动强度以局部肌肉反应为准,而不是以心率等指标为准。在等张练习或等动练习中,运动量由所抗阻力的大小和运动次数决定。在等长练习中,运动量由所抗阻力和持续时间决定。在增强肌肉力量时,宜逐步增加阻力而不是增加重复次数或持续时间(即大负荷、少重复次数的练习);在增强肌肉耐力时,宜逐步增加运动次数或持续时间(即中等负荷、多次重复的练习)。在康复体育中,一般较重视发展肌肉力量,而肌肉耐力可在日常生活活动中得到恢复。

(3)伸展运动和健身操的运动强度和运动量

有固定套路的伸展运动和健身操,如太极拳、广播操等,其运动量相对固定。太极拳的运动强度一般在4~5代谢当量(MET)或相当于40%~50%的最大吸氧量,运动量较小。增加运动量可通过增加套路的重复次数或动作的幅度、架子的高低等完成。一般的伸展运动和健身操的运动量可分为大、中、小三种。小运动量是指做四肢个别关节的简单运动、轻松的腹背肌运动等,运动间隙较多,一般为8~12节;中等运动量可做数个关节或肢体的联合动作,一般为14~20节;大运动量是以四肢及躯干大肌肉群的联合动作为主,可加负荷,有适当的间歇,一般在20节以上。

(四)运动处方的持续时间和频率

1.耐力性(有氧)运动的运动时间

运动处方中的运动时间是指每次持续运动的时间。每次运动的持续时间为15~60min,一般需持续20~40min,其中达到适宜心率的时间需在15min以上。在计算间歇性运动的持续时间时,应扣除间歇时间。间歇运动的运动密度应视体力而定,体力差者运动密度应低,体力好者运动密度可较高。运动负荷由负荷强度和负荷共同决定(运动负荷=负荷强度×负荷)。在运动负荷确定时,负荷强度较小则负荷频次大、运动时间长。年轻及体力较好者可由较高的负荷强度开始锻炼,老年及体力较弱者由低的负荷强度开始锻炼。运动负荷由小到大,增加运动负荷时,先延长运动时间,再提高负荷强度。

2.力量性运动的运动时间

力量性运动的运动时间主要是指每个练习动作的持续时间。如等长练习中肌肉收缩的维持时间一般认为 6s 以上较好。短促最大练习是负重伸膝后再维持 5~10s。在动力性练习中,完成一次练习所用时间实际上代表动作的速度。

3.伸展运动和健身操的运动时间

成套的伸展运动和健身操的运动时间一般较固定,而不成套的伸展运动和健身操的运动时间有较大差异。例如,二十四式太极拳的运动时间约为 4min;四十二式太极拳的运动时间约为 6min;健身操(或伸展运动)的运动时间由套数或节数决定。

4.运动处方的运动频率

在运动处方中,耐力性(有氧)运动的运动频率常用每周的锻炼次数来表示。运动频率取决于运动强度和每次运动持续的时间。一般认为,每周锻炼 3~4 次,即隔一天锻炼一次,这种锻炼的效率最高。最低的运动频率为每周锻炼 2 次。运动频率更高时,锻炼的效率增加并不多,却有增加运动损伤的倾向。小运动量的耐力运动可每天进行。力量性运动的频率一般为每日或隔日练习 1 次。伸展运动和健身操的运动频率一般为每日 1 次或每日 2 次。

(五)运动处方的运动进度

一般根据运动处方进行适量运动的人,经过一段时间的运动练习后(6~8 周),心肺功能应有所改善。这时,无论在运动强度和运动时间方面均应逐渐加强,所以运动处方应根据个人的进度而修改。在一般情况下,运动训练造成体能上的进展可分为初级阶段、进展阶段和保持阶段 3 个阶段。

1.初级阶段

初级阶段指刚刚开始实行定时及有规律运动的一段时间。在这个阶段并不适宜进行长时间、多次数和强度大的运动,因为肌肉在未适应时就接受高度训练很容易造成损伤。所以,对大部分人来说,这一阶段最适宜采取强度较低、时间较短和次数较少的运动处方。例如选择以缓步跑作为练习的人,应该以 4km/h 的速度进行,而时间和次数则应根据自己的体能而调节,不过每次的运动时间不应少于 15min。

2.进展阶段

进展阶段指经过初级阶段的运动练习后,心肺功能已有明显的改善(改善的进度因人而异)。在这个阶段,一般人的运动强度都可以达到最大摄氧量的 40%~85%,运动时间亦可每 2~3 周便加长一些。这个阶段是体能改善的明显期,一般长达 4~5 个月时间。

3.保持阶段

在训练计划大约进行了 6 个月之后进入保持阶段。在这个阶段,训练者的心肺功能已达到满意的水平,亦不愿意再增加运动量。只要保持已有的运动水平,就可以确保体魄强健。这时,可以考虑将较刻板沉闷的运动训练改为一些较高趣味的运动,以避免因沉闷放弃继续运动。

(六)运动处方的种类及特点

1.运动处方的种类

随着康复体育的不断发展及运动处方应用范围的扩大,运动处方的种类也不断增加。

常见的分类如下：
(1) 按锻炼的对象和作用分
①治疗性运动处方，以治疗疾病、提高康复效果为主要目的；
②预防性运动处方，以增强体质、预防疾病、提高健康水平为主要目的；
③健身、健美运动处方，以提高身体素质、运动能力、健美为主要目的。
(2) 按锻炼的器官系统分
①心血管系统康复的运动处方；
②运动系统康复的运动处方；
③神经系统康复的运动处方；
④呼吸系统康复的运动处方。

2.运动处方的特点
(1) 目的性强
运动处方有明确的远期目标和近期目标，其制定和实施都是围绕目的进行的。
(2) 计划性强
运动处方中运动的安排有较强的计划性，在实施运动处方的过程中容易坚持。
(3) 科学性强
运动处方的制定和实施过程是严格按照康复体育、临床医学、运动学等学科的要求进行的，有较强的科学性。按运动处方进行锻炼能在较短的时间内取得较明显的健身和康复效果。
(4) 针对性强
运动处方是根据每一个参加锻炼者的具体情况制定和实施的，有很强的针对性，康复效果较好。
(5) 普及面广
运动处方简明易懂，容易为大众所接受，收效快，是进行大众健身和康复的理想方法。

(七) 运动处方的作用
运动处方与普通的体育锻炼和一般的治疗方法不同，是有很强的针对性、有明确的目的、有选择、有控制的运动疗法。运动处方的生理作用主要有以下几个方面：

1.运动处方对心血管系统的作用
运动处方主要是采用中等强度的有氧代谢为主的耐力运动，即有氧运动。正常情况下，有氧运动对增强心血管系统的输氧能力、代谢产物的清除、调节做功肌肉的摄氧能力、组织利用氧的能力等有明显的作用。按运动处方锻炼可使心率减慢，血压平稳，心脏的血液输出量增加，心血管系统的代偿能力增强等。但有心脏疾病的人要慎重，如在儿童中常见的先天性主动脉瓣狭窄，运动后易出现疲劳，若勉强运动，可能会发生昏厥、胸痛，少数甚至会导致猝死。

2.运动处方对呼吸系统的作用
实施运动处方可增强呼吸系统的通气量、摄氧能力，改善呼吸系统的功能状态。

3.运动处方对运动系统的作用
实施运动处方可增强肌肉力量、肌肉耐力和肌肉协调性，保持及恢复关节的活动幅度，促进骨骼的生长,刺激本体感受器,保存运动条件反射,促进运动系统的血液和淋巴循环,消除肿胀和疼痛等。

4.运动处方对消化系统的作用

实施运动处方能促进消化系统的机能,加强营养素的吸收和利用,增进食欲,促进胆汁合成和排出,减少胆石症的发生,促进胃肠蠕动,防治便秘等疾病。

5.运动处方对神经系统的作用

实施运动处方能提高中枢神经系统的兴奋或抑制能力,改善大脑皮质和神经—体液的调节功能,提高神经系统对各器官、系统的机能调节。

6.运动处方对体脂的作用

实施运动时间长、运动强度中等的运动处方能有效地减少脂肪组织,达到预防疾病和健美的目的。

7.运动处方对代偿功能的作用

因各种伤病导致肢体功能丧失时,人体产生各种代偿功能以弥补丧失的功能。有的代偿功能可以自发形成,如一侧肾切除后,身体的排泄功能由对侧肾承担。而有的代偿功能则需要有指导地进行训练或刻苦训练才能产生。例如,肢体残缺后,用健侧肢体代替患侧肢体的功能。运动处方对代偿功能的建立有重要的促进作用。

8.运动处方对人的心理作用

运动能有效地释放被压抑的情感,增强心理承受能力,保持心理的平衡。在疾病的治疗和康复过程中,适量的运动能增强患者治疗和康复的信心,有助于疾病的恢复。按预防、健身、健美的运动处方运动,可保持良好的情绪,使工作、学习更积极、更轻松。

(八)运动处方的基本原则及制定程序

1.运动处方的基本原则

(1)因人而异的原则

运动处方必须因人而异,切忌千篇一律。要根据每一个参加锻炼者或病人的具体情况制定出符合个人身体客观条件及要求的运动处方。不同的疾病,运动处方不同;同一疾病在不同的病期,运动处方不同;同一个人在不同的功能状态下,运动处方也应有所不同。

(2)有效的原则

运动处方的制定和实施应使参加锻炼者或病人的功能状态有所改善。在制定运动处方时,要科学、合理地安排各项内容;在运动处方的实施过程中,要按质、按量认真完成训练。

(3)安全的原则

运动应保证在安全的范围内进行,若超出安全的界限则可能发生危险。在制定和实施运动处方时,应严格遵循各项规定和要求,以确保安全。

(4)全面的原则

运动处方应遵循全面身心健康的原则,制定和实施中应注意维持人体生理和心理的平衡。

2.运动处方的制定程序

运动处方的制定应严格按照运动处方的制定制度进行。事先应对参加锻炼者或病人进行系统的检查,以获得制定运动处方所需要的全面资料。运动处方的制定程序包括:一般调查、临床检查和功能检查、运动试验、体力测验、制定运动处方、实施运动处方、运动中的医务监督、运动处方的修改步骤(这里详述前4个程序)。

(1) 一般调查

通过运动处方的一般调查可了解参加锻炼者或病人的基本健康状况和运动情况。一般调查应包括：询问病史及健康状况，了解运动史，了解健身或康复的目的和了解社会环境条件等。

询问病史及健康状况，应包括：既往病史、现有疾病、家族史、身高、体重、目前的健康状况、疾病的诊断和治疗情况，对女性还需询问月经史和生育史。

了解运动史，应包括：了解参加锻炼者或病人的运动经历、运动爱好和特长、目前的运动情况(是否经常参加锻炼、运动项目、运动量、运动时间、运动中后期的身体反应等)及在运动中是否发生过运动损伤等。

了解健身或康复的目的，应包括：了解参加锻炼者或病人的健身或康复的明确目的及对通过运动来改善健康状况的期望等。

了解社会环境条件，应包括：了解参加锻炼者或病人的生活条件、工作环境、基本经济状况、可利用的运动设施和条件、有无健身和康复指导等。

(2) 临床检查和功能检查

运动处方的临床检查主要包括运动系统的检查、心血管系统的检查、呼吸系统的检查、神经系统的检查等。

(3) 运动试验

运动试验是评定心脏功能、制定运动处方的主要方法和重要依据。运动试验方法的选择应根据检查的目的和被检查者的具体情况而定。目前，最常用的运动试验是用逐级递增运动负荷的方法测定，测定时采用活动平板(跑台)和功率自行车。递增负荷运动试验(简称GXT)，是指在试验的过程中，逐步增加负荷强度，同时测定某些生理指标，直到受试者达到一定运动强度的一种运动耐量试验。

(4) 体力测验

体力测验必须是运动负荷试验无异常的人才能进行。体力测验包括运动能力(肌力、柔韧性等)测验和全身耐力测验。全身耐力测验的运动方式是采用有氧运动，包括走、跑、游泳3种方式。目前，较多采用的有定运动时间的耐力跑(如12min跑测验)，以及定运动距离的耐力跑。

(九) 注意事项

1. 耐力性(有氧)运动的注意事项

用耐力性(有氧)运动进行康复和治疗的疾病多为心血管、呼吸、代谢、内分泌等系统的慢性疾病，在按运动处方进行锻炼时，要根据各类疾病的病理与生理特点、每个参加锻炼者的具体身体状况，提出有针对性的注意事项，以确保遵循运动处方的有效原则和安全原则。一般的注意事项应包括以下几个方面：

运动的禁忌症或不宜进行运动的指征。在耐力性(有氧)运动处方中，应有针对性地提出运动禁忌症。例如，心脏病人运动的禁忌症有：病情不稳定的心力衰竭和严重的心功能障碍；急性心包炎、心肌炎、心内膜炎，严重的心律失常，不稳定型、剧增型心绞痛，心肌梗死后不稳定期,严重的高血压,不稳定的血管栓塞性疾病等。

在运动中应停止运动的指征。在耐力性(有氧)运动处方中应指出需立即停止运动的指征。如心脏病人在运动中出现以下指征时应停止运动:运动时上身不适,运动中无力、头晕、气短,运动中或运动后关节疼痛或背痛等。

运动量的监控。耐力性(有氧)运动处方中,需对运动量的监控提出具体的要求,以保证运动处方的有效和安全。

要求做充分的准备活动。

明确运动疗法与其他临床治疗的配合。如糖尿病患者的运动疗法需与药物治疗、饮食治疗相结合,以获得最佳的治疗效果。运动的时间应避开降糖药物血浓度达到高峰的时间;在运动前、中或后,可适当增加饮食,以避免出现低血糖等。

2.力量性运动的注意事项

力量练习不应引起明显疼痛。

力量练习前、后应做充分的准备活动及放松整理活动。

运动时保持正确的身体姿势。

必要时给予保护和帮助。

注意肌肉等长收缩引起的血压升高反应及闭气用力时心血管的负荷增加。有轻度高血压、冠心病或其他心血管系统疾病的患者,应慎做力量练习;有较严重的心血管系统疾病的患者,忌做力量练习。

经常检修器械、设备,确保安全。

3.伸展运动和健身操的注意事项

应根据动作的难度、幅度等,循序渐进,量力而行。

指出某些疾病应谨慎采用的动作。如高血压病患者、老年人等应禁做或少做过分用力的动作及幅度较大的弯腰、低头等动作。

运动中注意正确的呼吸方式和节奏。

Part 2

模块二 游 泳

第一节 游泳运动概述

一、游泳的起源与发展

(一)游泳的起源

远在没有文字记录历史的时代,人类游泳的主要目的是为了生存,如捕捉鱼类、渡河及避开猛兽等。据现有史料的考证,国内外较一致的看法是,居住在江、河、湖、海一带的古人,在水中捕捉水鸟和鱼类作食物,通过观察和模仿鱼类、青蛙等动物在水中游动的动作逐渐学会了游泳。这是一种人们凭借自身肢体的动作在水中进行运动的技能。从发掘出的旧石器时代与氏族制以前的人类社会遗物中,证明当时的人们有了渔猎生活,在水中捕鱼、网鱼和叉鱼。例如,山顶洞人的遗物中就有"骨器及蚌壳饰器,这是山顶洞文化之最具特性者,如骨针及各种饰物其原料为鱼骨、鸟骨、鹿角。食肉类之牙齿及海蚶等物"。他们已会制衣饰,营渔猎生活,并与远方有交通往来。古人从大自然中不断获取生活资料,包括从水中取得鱼类和可供食用的动植物。在捕捞中,人们和水有了密切的接触。《庄子·秋水》中记有:"水行不避蛟龙者,渔夫之勇也。"渔夫在捕鱼时,逐渐熟悉水性,学会蹈水之道(游泳的方法),掌握了泅水的方法和驾驭水的各种形式。所谓"水行曰涉,逆流而上曰沂洄,顺流而下曰沂游亦曰讼流,以衣涉水曰属。由膝以下为揭,由膝以上为涉,潜行水下为泳。"以后又有"水行不避蛟龙"的较高技术水平。由此可见,泅泳在当时的渔猎生活中已成为一种不可缺少的基本手段。考古发掘表明,早在5000年前的陶器雕绘图案中,就有我国先民潜入水中猎取水鸟的情景。

随着社会生产和生活的不断发展,游泳又成为人们增强体质、满足军事等需要的技能。考古学家在公元前2500年的古埃及图符就发现有类似游泳的活动。那时的游泳已被视为贵族子女教育的一个重要组成部分,以及士兵训练的项目之一。

(二)竞技游泳的产生和发展

竞技游泳运动起源于英国。17世纪60年代,英国不少地区的游泳活动就开展得相当活跃。1869年1月,大城市游泳俱乐部联合会(现英国业余游泳协会前身)在伦敦成立,并把游泳作为一个专门的运动项目正式固定下来。以后,游泳又传入英国各殖民地,继而传遍全世界。

1896年在雅典举办的第一届奥运会上,男子游泳被列为9个比赛项目之一,包括100米自由泳、500米自由泳和1200米自由泳。1908年在伦敦举办的第四届奥运会上,成立了国际业余游泳联合会,并审定了当时的世界纪录,制定了国际游泳规则。1912年的第五届奥运会上,正式设立了女子游泳比赛项目。第二次世界大战以后,游泳在全世界有了飞速的发展。1952年,国际规则正式将蛙泳和蝶泳分成两个姿势进行比赛。从此,竞技游泳形成了蝶泳、仰泳、蛙泳和自由泳4种姿势。现在,游泳已成为奥运会上令人瞩目的大项之一。除奥运会以外,国际泳联每4年举行一次世界游泳锦标赛,每2年举行一次世界杯游泳赛。

二、游泳的运动价值及船员实用游泳的意义

游泳是最受欢迎的运动项目之一。正确地进行游泳锻炼,可以给人带来极大的乐趣,并通过力量训练、耐力训练、协调性训练和速度训练达到身体技能的协调发展。此外,游泳还可以增强心血管机能、呼吸机能,增强体质等。游泳是一项适合终身锻炼的健身运动。

(一) 游泳的运动价值

1.抵御寒冷、适应温度变化

在冷水刺激下的体表毛细血管收缩,和运动时皮肤毛细血管因缺氧而造成的反射性的血管扩张,是经常参加游泳锻炼的人反复经受过的,可以大大增强神经系统支配皮肤血管收缩和舒张的灵活性,极大地加强人体适应温度变化和抵御寒冷的能力。

经常游泳的人可以改变机体神经系统,使体内产热和体温调节中枢性能远远超过不参加游泳锻炼的人。常人的体温在36~37.3℃之间,而游泳池的水温在22~28℃之间,因此人在入水后最初的几分钟,机体会反射性地引起毛细血管急剧收缩。此时人体散热减少,体内产热开始加强,皮肤马上会反射性地大力舒张。这样一张一缩,血管就能得到锻炼,使弹性增强。倘若在水中多停留一段时间,就会发生"寒战"现象(这是机体的自我保护)。当人体打"寒战"时,体内热量可增加4倍。但是,在水中停留时间过久,血液循环功能减弱,导致血液滞留在皮下静脉中,皮肤、嘴唇发紫或者出现抽筋。

常人在15℃的水中6h就会导致死亡。

经常参加游泳锻炼的人,身体适应寒冷刺激的能力提高,可防止感冒等疾病的发生。

2.增强心肺功能

长期进行游泳锻炼的人的心肺功能较好。人在进行游泳锻炼时心脏血液回流速度由于水流对处于水平状态的人体的按摩作用而大大提高,心脑输血量增加,对心血管系统疾病的预防和治疗有好处。另外,游泳时12~15kg的水压压迫着整个胸腔,呼吸肌负担大大加重,在人体自身应激反应的作用下有助于肺活量的增加。

3.对心血管的作用

游泳对心血管系统的改善有相当重要的作用。冷水的刺激通过热量调节作用与新陈代谢能促进血液循环。此外,游泳时水的压力和阻力还对心脏和血液的循环起到特殊的作用。在水面游泳时,身体所承受的水压就已达到$0.02~0.05kg/cm^2$;潜水时随着深度的加大,压力不断增大;游泳速度的加快也会加大压力负荷,心房和心室的肌肉组织能得到加强,心腔的容量逐渐加大,心脏的跳动次数减少,心脏的活动节省化,整个血液循环系统得到改善,静止

状态下舒张压有所上升,收缩压有所下降,血压得到有效调节,血管的弹性也有所提高。根据有关专家统计,一般人在安静状态下心脏跳动 66~72 次/min,每博输出量为 60~80mL。而长期参加游泳锻炼的人,在同样情况下收缩 50 次/min 左右,每博输出量达到 90~120mL。

4. 对呼吸系统的作用

游泳练习时,新陈代谢过程和心血管系统工作的节省化,都离不开大量的供氧。然而由于水压迫着胸腔和腹部,给吸气增添了困难。曾有人做过专门的试验,游泳时人的胸廓要受到 120~150kN 水的压力。在这种情况下,要想使身体获得足够的氧气,呼吸肌就必须不断地克服这种压力。另外,游泳时呼气一般都是在水下完成,而水的密度比空气的密度大得多,因此要想呼气就必须用力,这样不管是吸气还是呼气都能增加呼吸肌的收缩力,增强呼吸系统的功能,加大肺活量。一般健康男子的肺活量为 3000~5000mL,而经常游泳者,可以达到 5000~6000mL。

5. 塑体美型

游泳运动员一般都拥有一个健美体形:四肢匀称,身材修长,肌肉饱满而不累赘。

健美的体形主要是通过长期的全面的身体锻炼而逐渐形成和保持的。在体育运动中,通过游泳而获得健美体形效果甚佳。

游泳时,身体处于水平状态,心脏和下肢几乎在一个平面上,使得血液从大静脉流回心房时不必克服重力作用,这为血液循环创造了有利条件。另外,游泳时必然要接受水对身体的压力,从而使呼吸加深,改善了心肺功能,提高了心血管系统的机能。由于水对皮肤的冷刺激,增强了血管的弹性,使供应心脏血液的血管分支增加。

游泳时,全身的肌肉,以及从颈部到足踝的各个关节都参与了运动,使身体得到了全面的锻炼,时间长了就自然形成肩宽、胸厚、腰窄、腿部肌肉匀称的"流线型"健美体形。有人做过这样的测试:一名游泳运动员每分钟心率为 50~55 次,优秀运动员最低可达到 38~46 次,一般人在 65~75 次;游泳运动员肺活量可达 5500~7000mL,一般人则为 3000~5000mL。

(二)船员实用游泳的意义

众所周知,我们生活在一个 3/4 充满水域的球体,难免要和水打交道。作为海员,游泳更是工作、生活中不可或缺的技能。在水上资源开发、海上遇险自救、救护打捞中也必须有熟练的游泳技术作为后盾。

三、游泳安全常识

(一)确立安全第一的思想

俗话说"水火无情"、"欺山莫欺水",游泳是和水打交道的运动,决不能麻痹大意,必须慎之又慎。

游泳活动,最好是有组织的进行,不要独自行动,尤其是在天然水域更不能独自游泳。游泳时要互相关注,同去同返,中途离开应有所交代。

(二)选择安全卫生的游泳场所

尽量选择人工游泳场馆。这类场馆的管理比较规范,池水清晰度较高,深水、浅水有明显标志。

如果到天然水域去游泳,一定要了解水深,水下有无水藻、淤泥及漩涡、暗流,水质是否清洁等,并选择合适的水域。在海滨游泳时,还要了解潮汐规律、海底情况,尽量不要离岸太远。

(三) 游泳前要做准备活动

准备活动可提高神经系统的兴奋,增强心血管系统和呼吸系统的功能,加快血液循环和新陈代谢,增加肌肉的力量和弹性,相应加大身体各关节的活动范围,提高关节的灵活性。这些变化,有利于身体更快更好地适应游泳运动的需要,对防止抽筋、拉伤有积极作用。

游泳前的准备活动一般可做徒手操、跑步、游泳模仿动作及各种拉长肌肉和韧带的活动,特别要活动颈、肩、腰、髋、膝、踝、腕各部位的关节。

(四) 量力而行

下水时,初学游泳者应在浅水区域活动。已会游泳者也要量力而行,合理安排运动量,当自感身体有异常反应时,应立即上岸,待身体恢复后再下水。

此外,游泳时要避免一切危险动作,如在浅水区跳水、互相打闹、过长时间的憋气等。在游泳时还应遵守公共卫生,文明游泳,预防眼、耳疾病。

第二节　蛙泳和自由泳

一、蛙泳

蛙泳的起源,说法不一。相传在古埃及和罗马帝国时,蛙泳是猎人潜入水中捕捉水鸟的游动方法之一。18世纪末,在欧洲军事学校中已设有专门教授蛙泳的课程。1875年8月,第一个被公认的英吉利海峡的征服者,便是采用蛙泳横渡的。

蛙泳的基本方法是游进时身体俯卧在水中,两臂开始伸直,向两侧分开,然后向后屈臂加速划水,至两肩侧面的延长线前结束。接着向内降肘使两手在胸前汇合,再向前伸出。两腿的动作是由两侧向后呈半弧形加速蹬,而后伸直、并拢、回收。在收腿即将结束时,将小腿和脚向两侧翻出,形成向后蹬水的阻力面,再开始蹬腿。在比赛中,一般采用蹬腿1次、划臂1次、呼吸1次的配合方法。

蛙泳技术经历了一个变化的过程。20世纪50年代初,盛行潜水蛙泳,它对臂力较强、腿力较弱的人比较有利。后来改为水面蛙泳,逐渐重视腿的作用。1961年美国运动员C.露斯特雷姆斯基以他强有力的两臂加快动作频率,创造了100米和200米的蛙泳世界纪录。此后,蛙泳又开始重视臂力的作用。从蛙泳目前的技术发展看,臂的作用加强,腿的动作幅度减小。这种技术变化,可以减少阻力,有利于提高动作频率。

(一) 技术特点

蛙泳是身体俯卧水中,两肩与水面平行,依靠两臂对称向后划水,两腿向后对称蹬夹水面向前游进的姿势。整个动作与青蛙游水十分相似,所以取名为蛙泳。蛙泳的特点是游时省力,容易学,游动时动作全部在水下,声音较小,头部可以出水面呼吸,视野开阔。其技术要点如下:

①泳员在滑翔姿势,身体接近水平。头部约80%沉于水中,脸微微向前,双臂伸展,掌心向着斜外侧。

②捉水动作在水下约7~9寸(1寸=3.3333333cm)处开始,双手作侧面的划动,开始呼气动作。
③双臂没有明显的屈曲,继续划向外侧,呼气继续增加。
④当泳员头部开始微微向上时,肘关节开始屈曲,上臂开始旋转。
⑤当双臂到达最大的宽度时,肘屈约110°,高肘姿势明显。
⑥头部继续上抬,当嘴部露出水面时,完成呼气,双手开始向内,以完成推进动作。
⑦当双臂准备向后时,吸气开始,肘部不要拉到肋骨下,膝关节开始屈曲,回腿动作开始。
⑧嘴部闭上,吸气完成,双足被带向臀部,肘关节继续伸展,双臂继续向前移动。
⑨回腿动作继续进行。
⑩颈部屈曲,头部继续向下倾斜,双足背屈,双腿开始向后推水,双臂回手。
⑪双足推向后且开始并拢,闭气,直至另一划臂动作开始。
⑫双臂完全伸展,双手稍低于肩膀水平,双腿蹬水接近完成。当泳员完成蹬水,并集中使身体成为一直线。保持滑翔姿势短暂的时间,当感觉速度减慢时另一划臂循环开始。

蛙泳技术中,臂腿配合是很重要的,且较自由泳、仰泳复杂。如果臂腿配合不协调,将直接影响到行进效果,和快速前进的均匀性、协调性。

目前大多数运动员采用的腿臂配合技术是:臂划水时,腿保持放松或伸直姿势。特别是在收手时,腿放松并自然屈膝。当吸完气手前伸约2/3部位时,急速做收腿和快速的蹬腿(即在伸手中做收蹬动作)。这一配合技术能使泳者的手划水有效部分和腿蹬水有效部分紧密的配合起来。

快速收腿动作会产生一定的反作用力,有利于臂腿紧密的配合,更好地发挥臂的作用,提高行进的速度。

(二)动作方法
1.腿部动作
蛙泳腿部动作由收腿、翻脚、蹬腿、滑行4个阶段组成。
(1)收腿
两膝自然向下,逐渐分开,小腿在大腿后面向上折叠,脚跟沿水面向臀部靠拢。收腿时力量要小,放松。收腿结束时,大腿与躯干成130°~140°角,两膝距离略宽于髋,小腿尽量与水面垂直,为翻脚和蹬腿做好准备。
(2)翻脚
收腿将结束时,脚仍向臀部靠拢,这时两膝稍向内扣,同时两脚向外侧翻开,使脚和小腿内侧对好蹬水方向。脚外翻时,应积极用力勾脚。这是做好翻脚动作的关键,而膝关节和踝关节的灵活性则是完成动作质量的保证。
(3)蹬夹腿
蹬夹腿是在翻脚的连贯动作下开始的,即翻脚后不停顿地向后做弧形蹬夹水,直至两腿并拢。蹬腿时应以大腿发力,先伸髋,再伸膝,到最后还有约1/4的路程时快速地伸踝关节并拢两腿,使蹬水获得更大的效果。伸踝关节时伴有下压的动作,可使身体升起,有利于向前滑行。

(4)滑行

蹬腿结束后,腿略低于身体,随着蹬水产生的推进力向前滑行。腿应很快稍上抬,以减少滑行的阻力。

2.手臂动作和手臂与呼吸配合动作

蛙泳臂部动作,随着蛙泳技术的改进,从原来几乎流于形式的划动,发展到已越来越重视其在推动身体前进中的作用。蛙泳臂部动作,由抓水、划水、内划、前伸4个连贯动作组成,在教学中可根据学生的实际情况选择内容进行教学。

(1)抓水

抓水是在两臂已向前伸并拢且掌心转向外时开始,即刻小臂、上臂内旋,掌心向外斜并稍屈腕,两手分开向斜下方抓水。当手掌小臂有压力时,抓水动作即完成。

(2)划水

抓水后,两臂开始提肘屈臂,并继续向后方划水。当两手掌外划宽度约两倍肩宽时,上臂和小臂弯曲度约为115°时,即转入内划。

(3)内划

内划是划水的继续,是划水动作中的一个重要组成部分,能产生较大的升力和推进力。内划时掌心由外转向内,完成转腕动作,只要小指由上转为向下即可。同时必须与小臂、上臂同时用力向内夹,两肘由上而下直线内夹。内划动作完成时,两掌心向上,两肘正处于肩前下。

(4)前伸

臂内划结束,借助向前的惯性,立即伸肩、伸肘。两掌心由向上逐渐转向下,两臂呈并拢伸直状。

蛙泳整个划水路线近拟"桃"形的轨迹。划水方向是向侧、下、后、内、前方;划水力量是由小到大;划水速度是由慢到快。特别要强调的是,内划至前伸段中间不能有停顿,动作必须连贯,一气呵成。

(5)呼吸与臂的配合技术

蛙泳呼吸是与臂的动作配合进行的,一般都采用晚呼吸。往往当两臂内划至夹紧时,随上体的抬起,头自然露出水面,即可张口吸气。然后随着臂的前伸,头自然浸入水中。稍闭气后,再慢慢呼出。

3.完整配合动作

蛙泳通过臂腿相互交替运动产生向前的推进力,因此臂腿配合是十分重要的。配合得好,游速均匀,效果好;配合得不好,出现减速,效果差。臂划水时腿伸直放松,收手时收腿,臂将伸直时开始蹬腿,接着臂腿伸直滑行。

蛙泳臂与呼吸配合有早吸气(见图2-2-1)和晚吸气(见图2-2-2)两种形式。早吸气是两臂划水开始时抬头吸气,收手时低头屏气,两臂前伸时逐渐呼气。晚吸气是两臂内划时吸气,内划结束吸气完成。两臂前伸时屏气,向外划水时呼气。早吸气,吸气时间长,对初学者来说较容易掌握;晚吸气,吸气时间短,但完整配合连贯、紧凑,有利于力量的发挥,对提高成绩有明显的优势,一般为运动员所采用。

图 2-2-1　早吸气　　　　　　　　　　图 2-2-2　晚吸气

蛙泳臂、腿、呼吸的完整配合，一般为一次划臂、一次蹬腿、一次呼吸，但也可以二至三次臂腿动作呼吸一次(见图 2-2-3)。

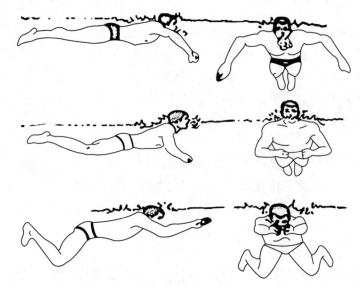

图 2-2-3　蛙泳的完整配合

(三) 呼吸技术常见错误

1. 呼吸概念、技术动作模糊

头脑里没有正确的蛙式映射，在蛙泳时表现为脸部不敢入水，抬着头游，在水面上呼吸，常常会呛水或喝水。

2. 呼吸不够充分

虽然能把头部露出水面，但吸气不足，在水里没有吐气；或抬头出水面后既吸气又呼气，造成蛙泳呼吸节奏紊乱而不能充分完成呼吸任务。

3. 心理过度紧张(如害怕呛水)而造成身体整体动作不协调

身体起伏动作特大，手臂来不及划水就急急忙忙地把头露出水面吸气，常常被迫喝水。

4. 呼吸与身体动作不协调

只能做单纯的呼吸，手臂和腿却停止了动作，或闭着眼睛抬头，为了确定方向和水位而停止游动。另外，身体动作协调，但不会换气，如游水时表现为低头闭气或头潜水过低，露不出水面做换气动作。

5. 动作概念错误

不能使身体水平俯卧于水面，单掌手臂把身体提高至水面。表现为颈部僵硬，头怕潜水而一直强露出水面，整个身体呈斜竖卧状态。

6.手臂与腿的动作出现盲目性而失去节奏感

潜水时双腿已经蹬伸直,双手也已划至身体的两侧,但头部仍然不能露出水面,或头刚开始抬起,强行在水面上做急急忙忙的呼吸。

(四)呼吸技术的辅助练习方法

1.陆地上练习蛙泳呼吸的技术动作

方法是低头,身体稍倾斜,两臂曲肘摆平,反复做埋头抬头的起伏练习。抬头用嘴吸气,低头闭气后用嘴、鼻慢慢吐气。

2.陆地上的蛙式呼吸与肢体协调配合的重复练习

方法是当吸气时做下颏露出水面,肩部升起,腿部依次收腿、翻腿的动作;臂部依次自然向前伸直做蛙式的开始姿势、划水、收手和向前伸臂的动作练习。

3.熟悉水性

可以个人、小组或集体的拉链形式在肚脐以下的水位行走。可侧向走、走交叉步、后退走、旋转走;可采取各个方向的跑、跳、转体、跃起、下沉等方式。这一练习能为今后的学习奠定基础,让身体对水有"亲切感"。

4.巩固与提高呼吸和身体的协调性练习

可在浅池中扶池壁做闭气练习,即深吸一口气后把头部潜入水中憋气,憋气的时间要逐渐加长。当头从水里露出吸气时,头不宜过高,两眼要睁开。在水里多做缓慢吐气的反复练习(见图2-2-4)。

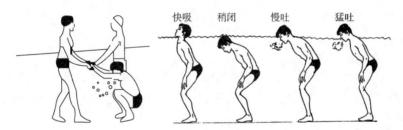

图 2-2-4　呼吸练习

5.在浅池多做浮体练习及滑行练习

需多做抱膝浮体和展体浮体练习(见图2-2-5)。滑行练习有多种形式,如蹬池底滑行(见图2-2-6)、蹬池壁滑行(见图2-2-7)等,要求滑行时身体保持适度紧张、平衡和适当延长闭气的时间。

图 2-2-5　抱膝漂浮

图 2-2-6　蹬地滑行

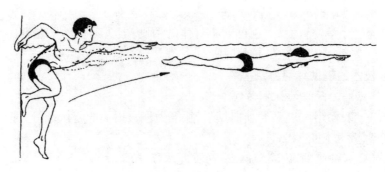

图 2-2-7　蹬池壁滑行

(五) 呼吸重点

1.掌握正确的呼吸方法

在进行蛙泳完整配合练习前,必须熟练掌握正确的呼吸方法,保证在短暂的时间内完成吸气过程。其方法是:呼气要由小到大,逐渐加大呼气量(口鼻同时呼气)。口部一露出水面,立刻用力把气吐完,并用口快而深地吸气,呼与吸之间无停顿。

2.掌握合理的腿部动作

蛙泳的腿部动作是推动身体前进的主要动力之一。两腿在蹬夹水并拢时,腿有向下压的动作,既能使身体上升,又有利于滑行,使身体在水中处于较合理的位置,并直接影响到呼吸过程完成的好坏。在教学中需注意:收腿时,脚踵向臀部靠拢;收腿时,脚掌外翻,使小腿处于垂直部位,加大对水面积;蹬夹水的速度要快,一定要蹬到位,即两腿、两脚靠拢。

3.调整身体在水中的位置

利用两次甚至多次腿部动作来调整蹬夹水后身体在水中位置偏低的问题,使初学者尽快掌握呼吸方法,减轻其心理压力。而后再进行一次呼吸、一次手臂及一次腿部动作的正确配合练习。

4.闭气滑行、吐尽吸满

在进行完整呼吸配合练习时,要求练习者闭气滑行,滑下时开始吐气,并逐渐加大呼气量。口部一露出水面,立刻用力把气吐完,在不停顿的情况下,快而深地用口吸满气。练习中,不过多地强调用早吸气或是晚吸气的方法,而是强调"吐尽、吸满"。

(六) 腿的练习方法

坐在地上或凳上,躯干后仰,双手撑地(凳)。双腿并拢抻直,稍抬起双腿,深吸一口气,屏息。将双腿慢慢收回,膝关节同时外分,收腿开始时脚掌稍外翻。屈髋、屈膝、双腿收紧靠近臀部,接着不停顿地向后方蹬腿、并拢,同时口、鼻呼气,蹬水时用力点落在分开的双脚脚掌上。蹬水前半部脚掌与身体纵轴垂直,结束时两脚掌像鞭打一样快速伸直,双腿伸直后间歇一下。呼气要快,动作要连续(见图 2-2-8)。

入水、水深齐腰,深吸一口气,俯卧于水中,脸入水,臂前伸。收腿同时两膝分开与肩同宽,脚掌沿水面回收。接着双脚应对称有力向后下方做半圆形的加速蹬水至动作结束,两腿并拢。做这个动作时,脚掌和脚内侧向后蹬夹水,蹬水结束后双腿动作稍停,靠加速度在水面滑行。

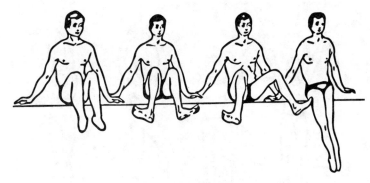

图 2-2-8 坐姿蛙泳腿部练习

俯卧在长凳上,中速和慢速模仿蛙泳腿部动作(见图 2-2-9)。

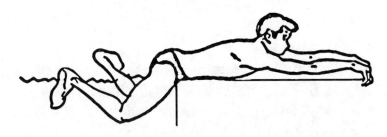

图 2-2-9 俯卧蛙泳腿部练习

抬头出水学习腿部动作。蹬池壁或池底滑行,双臂前伸,抬头使口露出水面,做蛙泳腿部动作。注意双臂前伸不要过深,腿部动作除并拢时外要做得平稳。

池边抓扶手或扶同伴做蛙泳腿动作(见图 2-2-8)。

双臂前伸扶板做腿部练习。

(七)臂部练习方法

陆上站立,体前屈,双脚分开与肩同宽,抬头,双臂前伸。两臂对称外分,稍向下划水,手掌外转,手腕微屈,便于手掌更早对水。双臂一开始划水,头顺势抬出水面,深吸气。抬头动作不要过猛,划臂动作不要超过肩线。屈肘,双手做一圆形经胸下前伸,呈预备姿势,伸手同时用口、鼻做深呼气。

站立在齐腰深的水中,俯卧,臂前伸,吸气后屏气。稍屈腕,手掌向外、向下用力划水,应对水有支撑感。屈肘继续划水,双手划至胸前逐渐接近,手掌转向躯干,然后双臂前伸,呈划水开始姿势。注意划水过程中双臂不要露出水面。

头在水面上学习臂部动作。蹬边滑行,屏息抬头前视。连续做几次划臂动作,注意不要屈腿。

蹬边滑行,进一步改进臂部动作。

(八)完整配合练习

陆上练习(见图 2-2-10)。

水中臂腿配合练习。蹬边滑行,脸入水,屏气,臂划水。开始划水时收腿,然后双臂前伸、并拢,脚蹬水。臂、腿伸直后在水面滑行 3~4s 后再重复上述动作。做 2~3 次后,休息片

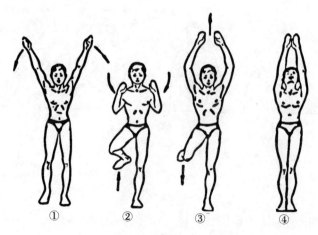

图 2-2-10 陆上配合练习

刻,继续练习。

重复上一练习,但头要抬出水面。

重复上一练习,要交替做抬、低头动作。划水时头抬出水面,收手、蹬腿时头入水。

臂的动作与呼吸配合练习。双臂前伸滑行,头略抬出水面。臂前伸时脸入水,口、鼻均匀用力吐气,之后慢抬头,开始划臂。利用划臂产生的作用力抬头,大张嘴,快吸气。注意吸气不要太晚,应在划臂阶段完成。

蛙泳完整动作配合练习(见图 2-2-11)。滑行,双腿伸直,双臂前伸,呼气入水之后开始

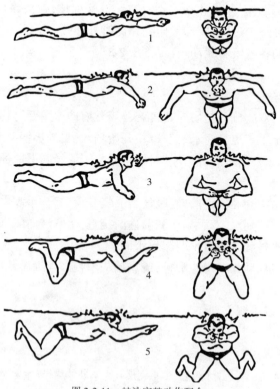

图 2-2-11 蛙泳完整动作配合

向后下方划水,抬头快吸气,双臂接近肩线时开始收腿。臂前伸,蹬水时屏气,双臂结束前伸,腿并拢时呼气入水。连续练习,尽量远游。

(九)练习口诀

1. 整体配合动作口诀

蛙泳配合需注意,腿臂呼吸要适宜;
两臂划水腿放松,收手同时要收腿;
两臂前伸腿蹬水,臂腿伸直划一会;
划水头部慢抬起,伸手滑行慢呼气。

2. 手臂动作口诀

蛙泳手臂对称划,桃形划水向侧下;
两手屈腕来抓水,屈臂高肘向后划;
划到肩下快收手,两肘用力向里夹;
双手平行向前伸,伸直放松往前进。

3. 腿部动作口诀

蛙泳蹬腿像青蛙,向后蹬夹向前滑;
收腿脚跟臀边靠,两膝相距似肩宽;
边收边分慢收腿,翻脚脚尖向两边;
用力向后蹬夹水,两脚并拢漂一会。

二、自由泳(亦称爬泳)

自由泳为竞技游泳比赛项目之一,对技术没有规则限制。比赛时,运动员多采用最快的爬泳技术,致使人们把自由泳亦称为爬泳。19世纪初,澳大利亚人R.卡维尔用两腿交替打水,取代剪夹水技术,并取得胜利。1922年,美国人韦斯摩洛进行改进,用两臂交替划水和两腿6次交替打水配合,形成现代自由泳模式。自由泳游进时身体俯卧保持良好流线姿势。当速度快时肩背浮出水面,两肩配合划水交替滚动,两腿交替打水。手臂动作是自由泳主要动力来源,手入水后勾手提肘以高肘姿势在躯干反复转动配合下沿身体下面成S形曲线向后划水,两手相继出水后经空中向前摆臂,形成一个连贯的加速过程。高肘加速划水是现代自由泳技术特征之一。换气是生理需要,对完整配合结构有一定影响,尤其是在高频率快速冲刺阶段。因此,在速度快时为了减少换气动作对完整节奏的影响,多采用缩短换气动作时间或减少次数的方法。目前,自由泳运动员在高速时,多用6次腿、2次臂和1次换气完整配合;中等速度时用4次腿、2次臂、1次换气完整配合。由于自由泳游速度快,出发要求起动度快,前冲有力,滑行短并尽快浮出水面,故多用爬台式平拍入水技术。转身可用身体任何部分触壁,为了赢得距离和转速多采用前滚翻转身技术。自由泳技术正朝向实效发展,要求高体位、高肘加速后划,减少换气次数,动作连贯,节奏稳定合理。

自由泳动作像爬行,双臂轮流划水和两腿上下交替打水,结构合理,阻力小,速度均匀,是目前世界上最快、最省力的一种游泳姿势。

(一)技术特点

自由泳的基本技术特点是,人体俯卧水中,头肩稍高于水面,游进时躯干绕身体纵轴适当左右滚动,两臂轮流划水推动身体前进。手入水后划水路线呈 S 形,呼吸与划水动作协调。当臂用力划水时,利用水流在头两侧形成的波谷吸气。

自由泳技术包括身体姿势、腿部技术、臂部技术、配合技术。

1. 身体姿势

游自由泳时,身体要尽量保持俯卧的水平姿势。但是为了取得更好的动作效果,头部应自然稍抬,两眼注视前下方,头的 1/3 露出水面,水平面接近发际,双腿处于最低点,身体纵轴与水平面约成 3~5° 的仰角。

自由泳游进中,身体可以围绕身体纵轴做有节奏的转动,转动的角度一般为 35°~45° 之间。如果速度加快,角度就会相对减少。

这种转动是由于划臂、转头和吸气而形成的自然转动,并不是有意地做转动。转动所带来的好处有以下几点:

一是便于手臂的出水和空中移臂,并缩短移臂的转动半径。

二是有助于手臂在水中抱水和划水,使手臂划水的最有力部分更接近于身体中心的垂直投影面。

三是由于臀部随身体轻度的转动,腿打水时产生部分侧向打水动作,可以抵销移臂时造成身体侧向偏离的影响,维持身体平衡。

四是便于呼吸。

2. 腿部技术

在自由泳技术中,大腿动作除了产生推动力外,主要起着维持身体平衡的作用。它能使下肢抬高,以及协调配合双臂有力地划水。

自由泳腿的打水动作,几乎与水平面成垂直方向进行。从垂直面看,两腿分开的距离约为 30~40cm,膝关节弯曲的角度约为 160°。

游进中,腿向上打水时,脚应接近水平;向下打水时,不应超过身体在水中的最低部位。正确的打水动作是脚稍内旋,踝关节自然放松,向上和向下的打水动作应该从髋关节开始,大腿用力,通过整个腿部,最后到脚,形成一个"鞭状"打水动作。向下打水的效果最大,因此应用较大的力和较快的速度进行;而向上则要求放松、自然,尽量少用力,并且速度相对要慢。

从腿向上动作开始,当大腿带动小腿,从下直腿向上移至踝关节、膝关节、髋关节与水平面平行时,大腿稍向上而终止移动,并开始向下打水。当大腿开始向下打水时,由于惯性的作用,小腿和脚仍继续向上移动,而使膝关节弯曲形成一个大约 160° 角。这使小腿和脚达到了最高点。由于大腿继续向下移动,而带动小腿和脚完成向下打水动作。

当大腿向下打水到最低点并向上抬起时,小腿和脚与大腿仍保持一个角度,并继续向下移动打水,直至完全伸直为止,才随大腿向上移动,开始第二个循环动作。

3. 臂部技术

自由泳的臂部动作是推动身体前进的主要动力。它分为入水、抱水、划推水、出水和空中移臂等几个阶段。这几个阶段在划水中是紧密相连的一个完整动作。

(1) 入水

臂入水时,肘关节略屈,并高于手臂,手指自然伸直并拢,向前斜下方且插入水。注意手掌向外,动作自然放松。手入水的位置应在肩的延长线上,或在身体的中线和肩的延长线之间。入水的顺序为手—小臂—大臂。手切入水后,手和小臂继续向前下方伸展,手由向前—向下—稍有向内的运动变为向前—向下—稍向外的运动。

(2)抱水

臂入水后,应积极插向前下方。此时小臂和大臂应积极外旋,并屈腕、屈肘。在形成抱水的动作中,开始手臂是直的,当手臂划下至与水平面约成15~20°角时,应逐渐屈肘,使肘关节高于手。在划水开始前,也就是手臂约与水面成40°角时,肘关节屈至150°左右。

抱水动作主要是为了划水做准备,因此是相对放松和缓慢的。抱水就好像用臂去抱一个大圆球一样。抱水时,手的运动为向后—向下—向外的3个分运动组成。

(3)划推水

手臂在前方与水平面成40°角起至与水平面约成15~20°角止的运动过程都是滑水动作。它分为两个阶段:从抱水结束到划至与水面垂直之前称为"拉水",过垂直面后称为"推水"。

拉水时,应保持高肘姿势,手向内—向上—向后运动。当拉水结束时,手在体下接近中线,肘关节弯曲的角度约为90°~120°角,小臂由外旋转为内旋,掌心由向内后方变为向外后方。

向后推水是通过屈臂到伸臂完成的。在推水过程中,手是向外—向上—向后的运动。肘关节要向上、向体侧靠近,并且手掌始终要与水平面保持垂直。整个划推水过程,手掌的运动路线并不是始终在一条直线上和同一平面上,实际上是一个较复杂的三度曲线。从身体的额状面来看是一个"S"形,从身体的矢状面来看是一个"W"形。

在整个划水过程中,肩部应配合手臂进行向前—向下—向后的合理转动,以利于加长划水路线和加大划水力量。

(4)出水

在划水结束后,臂由于惯性的作用而很快靠近水面,这时由大臂带动肘关节做向外上方的"提拉"动作,将小臂和手提出水面。小臂出水动作要比大臂稍慢一些,掌心向后上方。手臂出水动作应迅速而不停顿,但同时应该柔和,小臂和手掌应尽量放松。

(5)空中移臂

臂在空中前移的动作是手臂出水的继续,不能停顿,一臂的动作应该放松自如,尽量不要破坏身体的流线型,要和另一臂的划水动作协调一致,并且要注意节奏。在整个移臂过程中,肘部应始终保持比手部高的位置。

4.配合技术

自由泳的配合技术分:两臂的配合技术,两臂和呼吸的配合技术,完整的配合技术,以及手脚配合技术。

(1)两臂配合技术

自由泳两臂的正确配合是保障前进速度均匀性的重要条件,并且有利于发挥肩带力量积极参与划水。根据划水时两臂所处的位置,可以把手臂的配合技术分为即前交叉、中交叉、中前交叉和后交叉4种。一般优秀运动员都采用中前交叉的技术。

(2)两臂和呼吸的配合技术

自由泳技术中的呼吸技术较为复杂,但是它的好坏将直接影响划水力量和速度、耐力。自由泳的呼吸和手臂的配合为:一次呼吸 N 次划水(N>2)。吸气时,头随着肩、身体的纵向转动转向一侧,使头在低于水面的波谷中吸气。此时,同侧臂正处在出水转入移臂的阶段。移臂时,头转向正常位置。同侧臂入水时,开始慢慢呼气,并逐渐用力加快呼气的速度。

(3)完整的配合技术

自由泳的完整配合技术指呼吸、手臂和腿的配合。手臂是自由泳产生推进力的主要来源,因此在完整配合中呼吸和腿的动作都应该服从于手臂动作的需要。

呼吸、手臂和腿的配合比例主要有 3 种:1:2:2(即 1 次呼吸,2 次手臂动作,2 次打腿的动作);1:2:4;1:2:6。也有极少数优秀运动员采用 1:2:8 的技术。

(4)手脚配合技术

在自由泳中,划手和踢腿两者的关系密切,单单靠一方零零落落地动作是无法游得快的,两者妥善配合才可以使推进力大增。配合的重点是划手和踢腿的配合时机。踢腿通常采 6 拍,即在一个循环中打 6 次腿。其中的 2 次打水拜身体回转滚动之赐,为加入腰部力量的打水。融合这 2 次强有力的打水与划手,可以得到更快的速度。

在自由泳中,踢腿与划手各自单独分开使用的话,可以说是 1+1=2。但是,当踢腿与划手的最大推进力释出时能够搭配在一起的话,就可以发挥出 1+1=3(甚至 3 以上)的效果。这个时机配合妥当的话,游泳者可以马上清楚地感受到,有一种快速前冲的感觉。就效果来看,手入水的瞬间踢腿是划水与踢腿配合的最优时机。手往前伸时,受到还原动作气势的相助,产生带动身体前进的力量。此外,手在入水的瞬间,另一只手也正处于推水的阶段,推进力于是变成 1+1+1。

为了掌握好这个时机配合项目,可以试作 2 拍滚动。这种泳法常常被长泳的选手所采用。这种泳法的要点,就是踢腿要与身体滚动融合在一起。在回复到一般的 6 拍打水方式时,手入水的同时也可以自然地踢腿。需要注意的是,所谓的手入水的瞬间指的是入水后手往前伸展,还未开始划水的时候。开始划水时再踢腿会破坏身体平衡。

2 拍的自由式右手入水时是左脚打水,还是右脚打水,在教练中是有意见分歧的。对此,我们曾做过一个实验。在教还不知道有 2 拍打水的小朋友们时,将他们分成两组,一组教他们右入水时右打脚,另一组右入水时左打脚。接着观察哪一组伸展的时间最长,结果竟然不相上下。然后,再将右手入水右打脚的小朋友改为左打脚。右手入水左打脚的小朋友改为右打水。结果与上面一样。总的结论是,脚跟手一样,有人惯用右脚,有人惯用左脚,怎样组合并不影响结果。惯用的手配合惯用的脚就可以了。

自由泳难学易用,能够熟练掌握其技巧,就会感觉到它的优雅和高效。

5.学习误区

(1)认为自由泳很费力气

其实恰恰相反,采用自由泳,人平行于水面,与水的阻力能减到最小。如果能够掌握一些技巧的话,游自由泳的人在水中的每一个动作都是顺着水势的,很省力气。

(2)认为自由泳的换气方式会使耳朵内进水

有些人游自由泳喜欢低着头,换气的时候耳孔正好与水面平行,导致水灌入耳朵里。其实,游自由泳的时候头应该一直朝正前方看,换气的时候头向身后摆,当头出水的时候与水面会有一个倾斜的角度,水就不会灌入耳朵里了。

6.提示

自由泳的技术动作虽然比较复杂,但一般人如果不考虑换气,都可以游几下。这样看来,换气技巧就成为自由泳入门的关键。自由泳的换气有3个要点:一是单边换气,至于选择哪边就看个人习惯了;二是换气的时机,要在头刚露出水面的时候开始换气,且要吸一大口气;三是要掌握好换气的节奏,一个循环一次或者两个甚至三个循环一次都是可以接受的。换气本身是增加阻力的一个动作,能尽量少换最好,但是一定要有一个固定的节奏。

自由泳的手臂动作可以说是速度快慢的关键。手臂的划水、抱水是自由泳向前动力的主要来源。脚的打水动作基本上只提供向上的升力,因此可以用两条腿夹住一个浮板练习手臂动作。手的入水点不能太远,但入水后一定要尽量向前够,然后成S形曲线运动抱水,并终止于大腿外侧。出水时要肘部先出水,前臂折叠状态要尽量坚持到大臂向后不能再摆的状态。这样可以减少手臂出水时的阻力。

双腿打水要有力,但要适可而止,标准就是让泳者的身体刚好保持与水面平行状态。打水要有节奏,开始的时候可能很难掌握1∶2∶4或者1∶2∶6的呼吸、手臂运动与双腿打水的比例关系,但至少要保证打水保持同一频率,不能忽快忽慢。

当然想游好自由泳,最关键的一点还是要以实践为主。如果能连续游200m的话,可以说基本技巧就已经掌握了。

(二)练习方法

1.腿部动作练习

(1)陆地模仿练习

坐姿打水:坐在池边或地上,两手后撑,两腿伸直,腿内旋使脚尖相对,脚跟分开成八字,两腿放松,以髋为轴,大腿带动小腿,上下交替打水。

卧姿打水:俯卧在凳上,做两腿上下交替打水,打水动作要求同上。

(2)水中练习

俯卧打手:手握池槽,或由同伴托其腹部,成水平姿势,两腿伸直,做直腿或屈腿打水。

仰卧打水:仰卧姿势,手握池槽,或由同伴帮助托其背部,做两腿交替打水。注意膝盖不要露出水面。

滑行打水:练习时要求闭气,两臂伸直并拢,头夹于两臂之间。

扶板打水:练习时两臂伸直,放松扶板,肩浸水中,手不要用力压板,呼吸自然。

2.手臂与呼吸配合练习

(1)陆上模仿练习

两脚开立,上体前屈,做臂划水的模仿练习。

同上练习,结合呼吸配合。

(2)水中练习

站立水中,上体前倾,肩浸入水,做臂划水,边做边走,同时转头呼吸。

蹬边滑行后闭气,做两臂配合动作。

腿夹打水板,蹬边滑行后,做两臂划水,结合转头呼吸。

3.手臂、腿和呼吸的配合练习

站立水中,上体前倾做划臂与呼吸配合的练习,借助用力划水向前移动,然后蹬离池底,两腿打水形成完整配合。

蹬边滑行打水漂浮5~10m,做自由泳臂划水与呼吸配合练习。

(三)自由泳口诀

头擦水面,颈脊平长,下颏收敛,换气莫昂。

通体要刚,腰腹紧张,圆木滚动,脐望两旁。

伸臂入袖,转肩进框,近体直划,拉柔推刚。

大腿夹住,小腿如簧,足踝放松,有弛有张。

第三节　实用游泳技术与水上救护

一、踩水技术

踩水又称"立泳",也称"踏水",是实用价值较高的游泳技术之一。踩水技术动作简单、方便、省力、持久,具有较高的救生实用价值。在救助溺水者时,采用踩水技术便于施救者观察水面情况,可做前后、左右方向的移动和拖带。

踩水的方法有很多,比较常见的是采用立式蛙泳的动作技术,身体于水面构成的角度很大,接近于直立。

1. 身体姿势

整个身体几乎垂直于水面,稍前倾,头部始终露在水面,下颏接近水面。

2. 腿部动作

腿部动作几乎和蛙泳一样,只是收蹬腿的幅度要小。收腿时,膝关节可外翻;蹬腿时,膝关节向内扣压,同时小腿和脚内侧蹬夹,两腿尚未蹬直并拢即开始做第二次的收腿动作。动作熟练之后,也可两腿交替蹬夹水。

3. 臂部动作

两臂稍弯曲,在体侧前做向外、向内的摸压水的动作,动作幅度不能太大。向外时,手掌心向外侧下,有分开水的感觉;向内时,手掌心向内侧下,有挤水的感觉。向内摸压至肩宽距离即分开。两手掌摸压水的路线呈双"⌒"弧形。

4. 臂、腿、呼吸配合

臂、腿的动作配合要连贯、协调。一般是两腿做蹬夹水时,两臂向外做摸压水的动作;收腿时,则向内摸压。呼吸要跟随臂腿自然进行。蹬夹水(臂向外)时吸气,收腿(臂向内)时呼气。可以一个动作一次呼吸,也可以几个动作做一次呼吸。

用踩水游进时,可以采用身体的不同侧向及蹬夹和摸压的方向改变游进的方向。向前时,身体稍前倾,脚稍向侧后蹬夹水,两臂稍向后拨水。向后时,身体稍后仰,脚向侧前蹬夹水,两臂则向前拨水。

踩水动作熟练后,仅用双腿的蹬踩动作也可使身体浮起,单手或双手可以在水面上自由持物。

二、反蛙泳

反蛙泳又称蛙式仰泳,也有称仰式蛙泳,即身体仰卧在水中,两腿同时向后蹬夹水,两臂在体侧同时向后划水。反蛙泳是实用价值较高的游泳技术,动作简易,游起来省力又持久。在救助溺水者时,可用反蛙泳进行拖带。反蛙泳在救生中起着重要的作用。

1. 身体姿势

仰卧水中,身体自然伸直,脸露出水面。

2. 腿的技术

腿的技术类似蛙泳。身体仰卧水中,收腿、蹬腿时膝关节不要露出水面。收腿时,膝向两侧边收边分,大腿微收,小腿向侧下方收得较多。收腿结束时,两膝略宽于肩,脚和小腿内测向后对准蹬水方向,然后用大腿发力使小腿和脚内侧向后方蹬夹水。

3. 臂的技术

两臂自然伸直同时经空中在肩前入水,掌心向外,并积极前伸,然后曲臂高肘,掌心向后,使手和前臂对准划水方向,用力在体侧划水。划水结束后,两臂停留于体侧,使身体向前滑行,然后两臂自然放松从空中向前移臂。

4. 臂和腿及呼吸的配合技术

反蛙泳的配合技术有两种:一种是臂划水与蹬夹水同时进行(移臂和收腿同时进行);另一种是手划水和蹬夹水交替进行,但手、腿各做一次动作之后身体自然滑行。两臂前移的同时,边收边分慢收腿。两臂将入水时,两腿同时蹬夹水。然后两腿自然并拢,前伸臂划水。划水结束,身体自然伸直滑行。

5. 呼吸动作

一般在移臂时吸气,两臂入水后稍闭气,然后用口鼻均匀的呼气。

三、潜泳

潜泳是在水下游泳的一种技术,又称大划臂蛙泳,实用价值较高。在水下游进时,可根据深度、远近和方向进行潜深、潜远和潜准的调整。在救助溺水者时,采用潜泳可快速、准确地到达溺水者的身边,为及时打捞救助赢得时间。潜泳技术分为潜深技术和潜远技术。

(一)潜深技术

潜深分两种情况:一是从陆地上采用跳水的形式潜入水中;另一是从水面潜入水中。这里主要介绍第二种情况。

两臂自下而上用力划水,头朝下,提臀举腿,两臂做蛙泳伸臂动作,向下伸直,利用两腿的重力作用使身体潜入水中。入水后,两腿向上做蛙泳的蹬水动作,以增加下沉速度。当达到需要的深度后,头部后仰、收腿、屈体,使身体由垂直姿势转为水平姿势。

(二)潜远技术

潜远技术主要有蛙泳式潜泳、爬式潜泳及蛙式长划臂潜泳。为提高潜泳的速度和远度,常采用蛙式长划臂潜泳。以下详细介绍一下蛙式长划臂潜远技术。

躯干和头应完全呈水平姿势,只是在臂开始划水的时候头稍低些,以防止身体的浮起。

腿的动作基本采用蛙泳的技术。主要区别是收腿时髋关节屈的较小,双膝分开也较少,蹬水向正后方,以免身体上浮。

臂部动作则从两臂向前伸直开始,紧接着做划下,手掌和前臂内旋,稍勾手腕,两手向前下方做抓水动作。臂划水开始时稍慢,然后两臂逐渐向后内屈臂用力划水。划水时两臂自然提肘,使手和前臂尽量与划水方向接近垂直。当手划至肩下方时,肘关节大约屈成90°~100°角。然后肘关节由外侧向躯干方向靠拢,上臂带动前臂向后推水。推水完毕,两臂几乎在大腿两侧伸直,手掌朝上。划水结束后应稍有滑行阶段。

腿和臂的动作要协调配合。收腿与臂前伸的动作几乎同时开始。当臂前伸结束时收腿结束,臂向前伸直后用力蹬夹水,蹬腿结束时臂接着做划水动作。划水结束后,两腿伸直并拢,做滑行动作。

四、水上救生

(一) 间接救护

间接救护是救护者利用救生器材,对较清醒的溺水者施行救护的一种技术。救生器材包括救生圈、竹竿、木板、轮胎、泡沫块、绳子等。

1. 救生圈

最好在救生圈上系好绳子。发现溺水者时,可将救生圈掷给溺水者,溺水者得到救生圈后将其拖到岸边。

2. 竹竿

溺水者离岸较近,可把竹竿递给溺水者,等溺水者抓住竹竿后将其拖至岸边。

3. 绳子

救护者手握绳子一端,将盘起来系一漂浮物的另一端掷向溺水者前方,待溺水者握住绳子后将其拖上岸。

4. 木板

木板在水中漂浮,可作为救生器材。溺水者可借助木板浮力,摆脱危境。

(二) 直接救护

直接救护是救护者不借助任何救生器材,徒手对溺水者施救的一种方法。施行直接救护时,溺水者应处在昏迷状态,自身没有能力进行自我救护或接受间接救护。直接救护可分为入水前观察、入水、接近溺者、水中解脱、拖运、上岸、岸上急救等环节。

1. 入水前的观察

救护人员在入水前应观察好溺水者的被淹地点、浮沉情况,辨别溺水者是昏迷下沉,还是在水中挣扎。明确溺水者的方位后,救护人员应选择与溺水者最近的地点下水。

2. 入水

发现溺水情况后,从岸边跳入水中准备救护的过程,称为入水。在熟悉的水域或游泳池,可采用鱼跃式入水动作,直接潜入水中,加快速度,争取时间。在不熟悉的水域,可采用"八一"式入水(跨步式入水)动作。当身体接近水面时,两腿夹水,手臂迅速压水。

3. 游近溺水者

若溺水者在静水中,救护人员可以直接游向溺水者;若溺水者在急流的江河中,救护人员应从溺水者斜前方入水施救。

4. 水中解脱

水中解脱是救护者在接近或寻找溺水者时被溺水者抱住后施行解脱,并有效控制溺水者的一项专门技术。解脱方法通常有虎口解脱法、托肘解脱法、推扭解脱法、扳指解脱法和外撑解脱法。

5.拖运(见图2-3-1)

拖运是指救护者采用侧泳或反蛙泳在水中运送溺水者的一项技术。救护者和被救者口、鼻要露出水面,保证双方的正常呼吸。

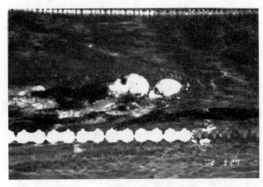

图2-3-1 拖运

6.上岸

遇到处于昏迷状态的溺水者,先将其拖运到岸边,然后再弄上岸,以便抢救。

7.岸上急救

将溺水者救上岸后,首先要观察溺水者的病状,然后再决定如何急救。轻度溺水者,可让其吐水,保暖,休息;昏迷、呼吸微弱或窒息者,要做心脏按压或人工呼吸,同时打电话叫救护车。

(1)人工呼吸

溺水者被救上岸后,心脏如果还在跳动,应立刻进行人工呼吸。在进行人工呼吸前,要先清除溺水者口鼻内污物,设法张开溺水者口腔。有活动假牙要取出,以免掉入气管内,造成呼吸道不通畅。解开溺水者衣、带进行控水,呼吸道中的水排出后方能进行人工呼吸。控水的方法是:救护者一腿跪着,另一腿屈膝,将溺水者腹部放在屈膝的大腿上,一手扶着溺水者的头,使溺水者头向下,另一手压溺水者背部,把水排出(见图2-3-2)。排出水后,应立即进行人工呼吸。人口呼吸的方法是:使溺水者仰卧,救护者在他身边,用一手拴住溺水者的鼻子,另一手托着他的下颚,深吸一口气,然后进行嘴对嘴吹气(可在溺水者嘴上垫一层薄纱

图2-3-2 清除口腔异物

布）。吹完一口气后，离开溺水者的嘴，同时松开捏鼻子的手，并用手压一下溺水者的胸部，以助其呼气。以上动作要反复进行，每分钟约做14~20次，速度由慢到快。

（2）心脏按压

如果溺水者失去知觉，应在做人工呼吸的同时进行心脏按压。心脏按压的方法包括俯卧压背法、仰卧举臂压胸法、侧卧压胸法和胸外压放心脏法。

仰卧举臂压胸法（见图2-3-3）。此方法既可做人工呼吸，又能起到压放心脏的作用，溺水者呼吸、心脏均停止时可采用。具体方法是：让溺水者仰卧，肩下面垫上毛巾或衣物，使头稍后仰。救护者跪于溺水者头部上方，握其双腕。施行呼气动作时，救护者上体前倾，增加压力，将溺水者的双臂弯曲，用其两前臂压迫双肋处，通出肺部空气。操作吸气动作时，将溺水者双手提起，向左右两侧做伸展动作，使其胸腔扩展，空气进入肺里。然后将溺水者的两臂经头上还原到呼气位置。

图2-3-3　仰卧举臂压胸法

胸外压放心脏法（见图2-3-4）。此方法用于溺水者无心跳或心跳极微弱时。具体做法是：让溺水者仰卧，救护者跪在溺水者身边，将一只手掌置于溺水者的胸骨下端，另一只手掌放在它上面，使两手掌重叠在一起。两臂伸直，借助身体的重力，平稳有力地向下垂直加压。向下的压力要集中在手掌根部，使溺水者胸骨下陷3~4cm，压迫心脏。随后抬起手腕，使胸廓

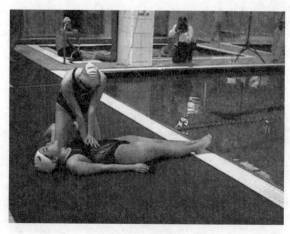

图2-3-4　胸部按压

扩张,心脏随之舒张。有节奏地连续进行以上动作,成人 60~80 次/min,小孩 80~100 次/min。做人工呼吸和心脏按压时,应先在 3~4s 内做 2 次人工呼吸,然后做 15 次连续的心脏按压,并反复进行。做心脏按压时,要注意观察两个方面:一是摸溺水者颈动脉,检查其脉搏;二是观察其瞳孔。当呼吸和心脏停止时,瞳孔会散大;反之,瞳孔则缩小。

(三) 自我救护

自我救护是指在水中遇到意外险情时进行自我保护的措施。

1. 抽筋的自我救护(见图 2-3-5)

在水中自我解救抽筋部位的方法,主要是拉长抽筋的肌肉,使收缩的肌肉松弛并伸展。抽筋常发生的部位有大腿、小腿、手指、脚趾、腹肌,通常自救分别采用如下方法:

(1) 大腿小腿或脚趾抽筋

保持镇静,先吸一口气仰浮在水面上,用抽筋肢体对侧的手握住抽筋肢体的脚趾,同时用力拉向身体,并用同侧手掌压在抽筋肢体的膝盖上,帮助抽筋腿伸直。

(2) 手指抽筋

将手握拳,随后用力张开,反复几次,直到抽筋消除为止。

(3) 胃部抽筋

先吸口气,仰浮水中,迅速弯曲两大腿,向胸部靠近,双手抱膝,随即向前伸直。要保持身体平衡,动作要自然。

图 2-3-5　抽筋的自我救助

2. 被长藤植物缠住的自我救护

可采取仰卧姿势进行解脱,再从原路游出。

3. 被旋涡吸住的自我救护

可平卧水面,从旋涡外沿全速游出。

4. 头晕的自我救护

游泳时产生头晕的原因有初学游泳者下水后心跳加快导致头晕眼花,或耳道进水,血液重新分配,以及空腹游泳等。出现头晕现象后,要镇静,立即上岸平躺或侧卧休息,进行能量补充,以缓解症状。平时要坚持锻炼,逐渐熟悉水性。特别要注意的是,下水前应适当补充能量。

5.呛水的自我救护

呛水是水从鼻孔或口腔吸入呼吸道,十分危险。呛水时,应保持镇定,在水中多练呼吸动作,以有效缓解呛水情况。

6.耳中进水的自我救护

在水中可用吸引法,将头偏向有水一侧,用手掌紧压有水的耳朵,闭气,快速提起手掌,反复几次;在岸上可将头偏向有水一侧,手扯耳朵,原地单足连跳几次。

第四节 游泳运动损伤防治和游泳前的准备活动

一、游泳运动常见损伤及治疗

游泳的日常的训练和比赛中肩部动作很多,如果不注意及时调整动作和训练负荷,在做剧烈动作或反复动作时很容易造成肩部脱位和肩组织损伤。这类损伤通常发生在游泳、伸展练习或在健身房进行力量练习的训练中。

(一)足部损伤

此类损伤多发生在自由式或蛙式游泳中。由于脚踝过度向下弯曲。从而引起小腿前侧肌腱发炎。

足部肌肉的痉挛现象是由足弓长时间的弯曲引起的。游泳动作,特别是水动作,要不断地弯曲足部肌肉,而蹬池壁的动作使原本已处于紧张状态的肌肉更加收缩,这就很容易使足部产生痛感。足部肌肉的痉挛有时甚至严重地影响游泳者的训练情绪,使他们"谈水色变"。

肌肉痉挛的解决方法还是很多的。如果症状较轻,可以继续保持游泳状态;如果痛感很强烈,最好的处理方法:是对足部做缓慢的、长时间的、稳定的伸展动作,直至痛感完全消失。根据麦圭尔教授的经验,足部肌肉的伸展练习最好是在池壁边进行;双足跟着地,向上尽量抬高足尖,贴靠池壁的上沿。然后双足尖沿池壁做下推动作,最大限度地伸展足弓肌肉。每次伸展动作保持20s,直至足弓肌肉完全放松。另外,对已经感到痉挛的肌肉群实施局部按摩,同样可以收到明显的治疗效果。不过,肌肉正处在痉挛状态中,最好不要马上进行按摩,那样做会更加刺激肌肉,使痉挛感倍增。

在冷水中很容易发紧,经常产生痉挛。最好测量一下水温,不要在过冷的水中训练。相反地讲,如果把双足放进热水中,或是在温泉中浸泡一段时间,可有利于减轻痉挛的发生。热扩张了血管,使血管能不断地向足部肌肉提供养料,加速二氧化碳的排出。

(二)肩部损伤

此类损伤及为常见,主要发生在自由式游泳手臂抬高时肩关节外转不够,造成肩膀肌腱(棘上肌或肱二头肌)因摩擦而发炎。

1.损伤的原因

游泳前,忽视肩关节的准备活动,导致训练中动作僵硬、不协调而致伤;技术动作不规范,采用错误的划水和移臂技术动作,违反机体形态结构特点和生物力学原理而导致损伤;肩部负荷过重,训练内容单调,长时间做单一的蹬腿或划水练习及动作速度过快、用力过猛导致肩关节损伤。缺乏放松练习,训练时肩关节肌群负荷过重,训练后缺乏放松练习和牵引练习,往往造成肌肉疲劳积累和僵硬,在连续训练时受伤。

2. 损伤的症状

肩部肌肉劳损初期,肌肉的酸痛比平时加重,继续训练后疼痛会加重。肌腱或韧带与骨摩擦出现炎症反应时,肩部向上方活动便会感到深处疼痛,尤其是推水阶段提肩移臂(仰泳)、提肘移臂(自由泳、蝶泳)时疼痛加剧。此时仍可坚持游泳,在不断挥动手臂时,由于肌腱、韧带与骨摩擦,使有炎症的肌腱暂时消肿,痛感减轻。不过,停止活动后将臂再朝头部上方活动时,肩部又会出现阵痛及发硬的感觉。

3. 损伤的治疗方法

损伤初期可用冰块或超声波按摩肩前部穴位 20~30min,每天一两次,于游泳前后进行。这样可以减轻疼痛并有消肿作用。此外,服用一些消炎止痛药物可减少痛感和减轻炎症。一般使用阿司匹林比较安全,可按不同年龄,饭后服一两片,疗程 7~10 天。休息时疼痛复发,但不影响比赛,为损伤中期。其治疗方法与初期相同,同时采用针灸、理疗。在训练中应减少蝶泳的划水练习或取消只用臂划水的练习,将长游改短游,以减轻肩部肌肉的负担。若关节运动受限,可采用关节被动运动手法。对于经常性疼痛,肩周一触即痛,尤以晚间为甚的较重的肩关节损伤,应马上休息,辅之理疗和抗炎症药疗,直至恢复到初、中期的症状,才能再参与训练。

(三) 颈椎损伤

跳水时发生颈椎损伤大多是跳水不得法所致。例如,从出发台跳出时蹬台无力,或入水点太近,或蹬台时髋关节未伸直,或入水角度太大,或入水时撞击正在游泳者的身上等。此外,游泳池水太浅(不足 2m)也是原因之一。在江河湖泊中跳水,河底太浅或水中有木桩、石块等障碍物则是造成颈椎损伤的主要原因。每逢夏季,跳水的人头撞击到河底或障碍物时,引起头颈部扭曲而造成颈椎骨折与脱位的事故时有发生。

预防颈椎损伤首先要养成正确的游泳习惯,在不熟悉的水域不做危险的动作;其次要练习正确规范的技术动作,以有效避免颈椎损伤;再次在游泳时要确保身边有其他人员,发生伤害时可以得到及时救助。

当颈椎损伤发生后,通常伤者会伴随晕厥,此时救助人员应及时将伤者拖带到岸边,使其平躺。整个过程中尽量使伤者身体(尤其是头部)无大的动作。上岸后应马上向专业救护人员求助,并阻止其他人搬运伤者。

(四) 肌肉痉挛

肌肉痉挛在游泳中经常能碰到,手臂、小腿、大腿、小腹等都会出现,其中小腿和足部抽筋的情况最多。当肌肉处于运动状态时,会产生大量的二氧化碳和乳酸等废物。正常情况下,二氧化碳等废物是通过血液运送排出体外的。而当肌肉处于长时间的收缩状态时,血管随着肌肉收缩而收缩,废物不能及时被血液运走,便长时间地留存在血管中,使肌肉得不到放松。

为防止抽筋,游泳时运动量不宜过大,速度不宜过快。下水之前,池水的温度也要有所考虑,一般 27℃ 左右的水温比较合适,再低身体就容易发僵。如果下水后游一段时间仍然感到身体发冷,活动不开,最好上岸,防止抽筋。如果游泳过程中腿部抽筋,要全身放松,使自己尽量仰面漂浮在水面上,并用手扳住患肢,往身体方向拉自己的大脚趾。一般过一段时间,情况就会缓解。万一在水中局面难以控制,要迅速上岸。不能及时游回岸边的,要及时呼叫救护员。

二、游泳前的准备活动

入水前要做必要的准备活动,如做体操等,可以改善身体各器官系统的状态,提高神经系统的兴奋性和灵活性。准备工作以后,心脏和呼吸器官的活动加强,血液循环和物质代谢的过程加快,肌肉的力量和弹性增加,关节活动范围加大、灵活性提高。体内的这些变化,有利于身体更快地适应游泳活动时的需要。同时对预防肌肉抽筋和拉伤有一定的作用。有的人没有做准备活动就进入水中,很容易出现头晕、恶心和心慌等不适的感觉,或发生肌肉痉挛和拉伤。

防止半月板损伤的准备活动有跪地后仰和深蹲转膝等。跪地后仰的要领是两手扶地,两踝关节外翻着地,膝关节反复向地面下压;深蹲转膝的要领是体前屈两手扶膝深蹲后绕环。利用这两种方法可充分伸展膝关节内外侧韧带,为蹬夹腿技术提供良好的柔韧性,提高关节的灵活性。

防止水中抽筋的最有效的准备活动方法是脚趾运动。其要领是直腿坐于地面,一腿直腿抬起并用手分别反复扳脚趾,以提高脚趾和大小腿后侧肌肉群的柔韧性。

准备活动量的大小要根据天气情况而定。不要急于下水,树立下水前做好准备活动的意识。准备运动不能过分剧烈,剧烈运动后马上游泳会使心脏负担加重。一般情况下准备活动的时间掌握在 5~10min 左右。气温和水温低时,例如阴天、风天,准备活动的时间要长而且量稍大一点。准备活动时要积极投入,动作准确,协调有力,舒展流畅。准备活动充分的表现是血液循环加快,身体发热、出汗,关节灵活,动作轻松有力。

准备活动目的在于增加肌肉的协调性,一般可以跑跑步,做几节徒手操,如做摆臂踢腿、扭腰转体、屈膝下蹲、向上跳起和俯卧撑等动作,弯腰、压腿、摆手等,主要使颈、肩、腕、髋、膝、踝关节和韧带,上下肢、腰腹部的肌肉都得到活动。对于不同姿势的游泳方法,准备活动的要求应有所侧重,蛙泳重点在下肢、膝关节,爬泳重点在上肢、肩关节等。除身体活动以外,在下水时还应该先用水擦擦面部、背部、胸部和大腿,使身体对冷水的刺激逐渐适应。

一般的下水前热身包括两部分:

第一部分是从头到脚活动各个关节,包括头部、肩关节、扩胸、振臂、体转、腰腹、髋关节、膝关节、踝关节、肘关节、腕关节等。

第二部分是根据要进行的泳姿练习内容作陆上模仿动作。

在做第一部分热身时,也要根据泳姿练习内容的不同有所侧重。例如,自由泳要多做头部运动,防止换气时扭伤脖子;练习出发则要多做腰腹运动,防止腰部扭伤。

通常的热身还包括下水之后的热身。也就是说,下水之后不要立刻全力游进,应该慢游一段距离适应水温,并找找感觉,再开始加大运动量。

Part 3

模块三　航海联合器械训练

船员在海上的工作生活过程中难免会遇到一些与陆地上不同的情况。比如大风大浪等，同时也有很多不安全的因素存在。一旦遇到各种情况，如何能够更好地适应就非常重要了。航海联合器械训练是通过一整组器械的强化练习，提高练习者适应海上生活所应具备的抗眩晕能力、平衡能力及遇险自救能力的一门课程，是海上专业学生的必修内容。

第一节　抗眩晕训练

一、旋梯运动

旋梯运动是在前后回环中锻炼身体的一项体育运动。旋梯具有旋转半径长、离心力大的特点，经常在旋梯上进行练习，对人的空间定向能力和抗荷能力的提高有较好的作用。

旋梯结构及各部位名称见图 3-1-1。

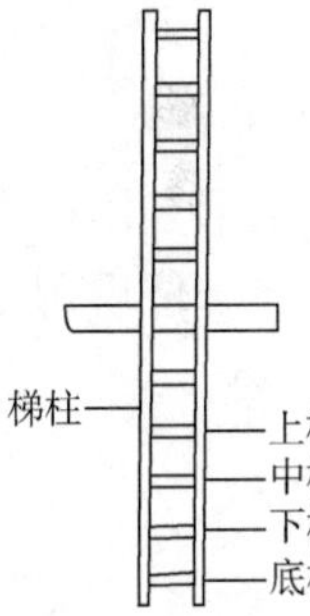

旋梯运动的基本技术分为起动、摆动、制动和下法等。

（一）起动

旋梯运动的起动方法有 3 种：

第一种是蹬梯起动。运动要领：两手握梯柱，一脚蹬底杠，另一脚蹬地起动。起动后蹬地腿挂下杠，两手由两侧伸入梯内，转腕握住上杠，脚尖别住梯柱或底杠（见图 3-1-2）。

图 3-1-1　旋梯结构及各部位名称

第二种是推梯助跑起动。动作要领：在梯后下方站立，两手握梯柱下端，将梯高举至头顶前上方。然后两手用力向前推梯，随梯前跑，两手上移握梯柱适当位置。当跑过垂直部位后，一脚用力蹬地向前上跳起，另一脚踏底杠。回摆至最高点时，蹬地腿跨过下杠，脚尖别于底杠，两手由两侧伸入梯内，转腕握住上杠（见图 3-1-3）。

第三种是跳上起动。动作要领：保护者将旋梯扶稳，在适当高度面对练习者。练习者助跑 3～5 步，距梯 2m 左右时一脚用力蹬地起跳，另一脚准确有力地蹬踏底杠，同时两手抓握梯柱随梯前摆（见图 3-1-4）。蹬地腿迅速跨过下杠，脚尖别于底杠，两手由两侧伸入梯内，转腕握住上杠，继续加大摆动。

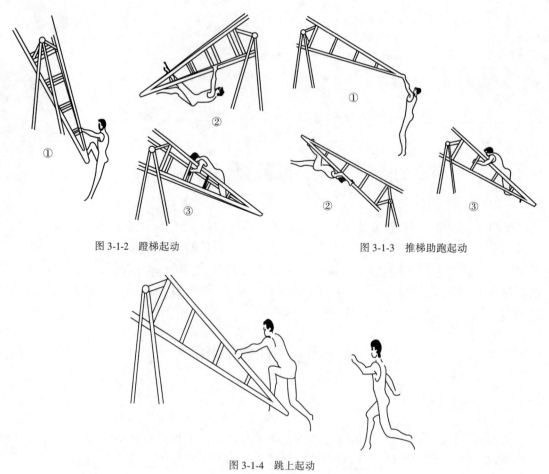

图 3-1-2 蹬梯起动　　　　　　图 3-1-3 推梯助跑起动

图 3-1-4 跳上起动

(二) 摆动

由前上方回摆时屈腿,摆过垂直部位后臀部后移逐渐伸直两腿。由后上方回摆时屈腿,摆过垂直部位后用力向前送髋,同时伸直两腿,腹部贴近中杠(见图 3-1-5)。

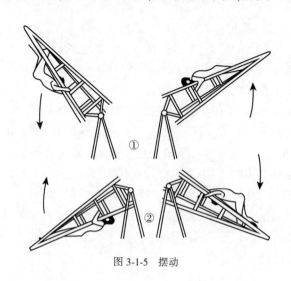

图 3-1-5　摆动

（三）制动

回环至下方稍过垂直位置时，迅速下蹲，接近前（后）方最高点时逐渐伸直身体。

（四）下法

旋梯运动的下法有3种：

第一种是擦地跳下。动作要领：经数次制动，旋梯进入小摆动。当摆至最高点时，跨杠腿退出下杠与蹬杠腿并拢，双脚蹬于底杠，屈腿下蹲，两手换握中、下杠间的后梯柱。再次后摆时，一脚蹬底杠，另一脚擦地面，制动后跳下（见图3-1-6）。

第二种是后摆跳下。动作要领：经数次制动，旋梯进入小摆动。当摆至最高点时，两手顺梯柱后滑跳下（见图3-1-7）。

图3-1-6　制动后跳下　　　图3-1-7　顺梯柱后滑跳下

第三种是前摆挺身下。动作要领：经数次制动，旋梯进入小摆动。当摆至最高点时，跨杠腿腿退出下杠与蹬杠腿并拢，双脚蹬于底杠，屈腿下蹲，两手换握中、下杠间的后梯柱。前摆接近最高点时，两脚蹬离底杠后松开双手，挺身跳下（见图3-1-8）。

图3-1-8　前摆挺身下

二、固定滚轮运动

固定滚轮运动是在固定的轮子里，通过人体重心移动变化使轮子转动，从而达到锻炼身体的目的的运动项目。经常进行固定滚轮练习，对提高人的空间定向能力有显著效果。

固定滚轮结构及各部位名称见图3-1-9。

本教材主要介绍侧转、前后转、前后卧转三个固定滚轮练习的方法。

(一)侧转

1.动作要领

(1)右侧转

两脚站在横踏板上,绑好保护带,两手正握轮柱或小环(见图3-1-10①)。臀部右移,蹬右脚,右、左臂依次用力支撑,向右转动。经倒立部位后右手推环,蹬左脚,臀部移向转动方向连续转动(见图3-1-10②)。

(2)左侧转

动作要领同右侧转,但方向相反(见图3-1-10③)

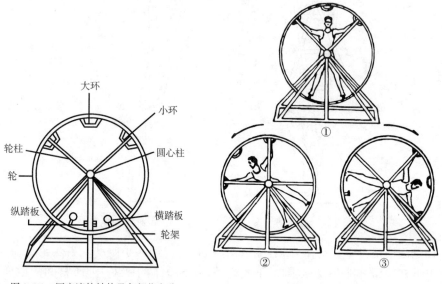

图3-1-9　固定滚轮结构及各部位名称　　图3-1-10　侧转

(3)制动

轮转至身体正立过垂直位置后,臀部迅速移向转动的相反方向。

2.保护与帮助

保护者站在轮的一侧扶轮,帮助练习者起动、制动。练习者要做到两手握牢,两脚勾紧。

(二)前后转

预备姿势:两脚踏入纵踏板套内,两手分握轮柱或前手环(见图3-1-11①)。

1.动作要领

(1)前转

上体前移,髋前送,两臂伸直前下压,顶肩,提臀向前转动。转至仰身成水平后,挺身向前。至身体直立后,按以上要领连续转动。

(2)制动

转至身体正立时,迅速屈腿,臀部移向相反方向。

(3)保护与帮助

同侧转。

2.前转

上体前移,直臂用力前下压,顶肩,臀部上提(见图3-1-11②)。

3.后转

臀部后移,两臂向后拉环(柱),同时上体后仰,抬头,向后转动。头朝下时稍挺身,随着两臂用力推环(柱),收腹屈体,臀部后移,按以上要领连续转动(见图3-1-11③)。

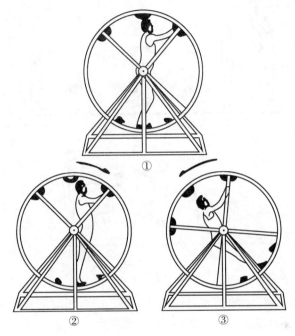

图3-1-11 前后转

三、抗眩晕辅助训练

(一)垫上技巧运动一

动作顺序:前滚翻—燕式平衡(停止2秒)—跳起转体360°—后滚翻成跪立—跪跳起,见图3-1-12。

1.前滚翻

(1)动作要领

由站立开始,蹲撑,重心前移,前脚掌蹬地,同时屈肘、低头、提臀,使枕部、肩、背和臀依次着垫向前滚翻。当背部着垫时,屈膝团身,两手抱小腿,上体紧靠大腿,前滚成蹲撑(见图3-1-12①~⑤)。

(2)保护与帮助

保护者站在练习者的一侧,一手托其颈,一手推背,帮助完成动作。

2.燕式平衡

(1)动作要领

由蹲撑开始,一脚支撑,逐渐站起,另一腿尽量后上举,同时两臂侧举,上体前倾,抬头挺

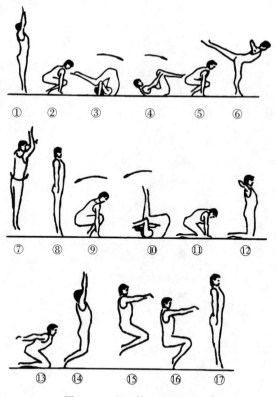

图 3-1-12 垫上技巧—完整动作

由蹲撑开始,一脚支撑,逐渐站起,另一腿尽量后上举,同时两臂侧举,上体前倾,抬头挺胸,成燕式平衡(见图 3-1-12⑤~⑥),停止两秒后成半蹲。

(2)保护与帮助

保护者站在练习者一侧,一托其胸,一手托腿,帮助平衡。

(3)教学与训练方法

扶器械练习,体会抬头、挺胸和腿部动作要领;

在保护者帮助下练习。

(4)易犯错误及纠正方法

一是低头收腹,后举腿太低。可采用分组练习,互相帮助,互相纠正。

二是站立不稳。支撑脚尖稍内扣,注意重心投影点应落在支撑区内。

3.跳起转体360°

(1)动作要领

由半蹲开始,两腿用力向上跳起,同时两臂经体前交叉自下向上摆,以肩带动上体转360°,落地时成半蹲,两臂侧举后成直立(见图 3-1-12⑦~⑧)。

(2)保护与帮助

保护者站在练习者一侧,防止其跌倒。

4.后滚翻成跪立

(1)动作要领

由直立开始,屈腿成蹲撑,身体重心迅速后移。然后低头,团身向后滚动,同时两臂屈肘,两手置于扁上(手指向后,掌心向上),使臀、腰、背依次着垫。当后滚至肩和头部着垫时,两手迅速用力推垫,抬头,双膝及脚背着垫成跪立,同时两臂侧平举(见图3-1-12⑧~⑫)。

(2)保护与帮助

保护者站在练习者一侧,一手推其背,一手推臀,帮助完成动作。

(3)教学与训练方法

做两手置于肩上的屈体团身滚动练习,体会向后滚动的要点,把握手推垫的时机;

在保护者帮助下完成后滚翻动作。

(4)易犯错误及纠正方法

团身不紧,推手不及时。在保护者帮助下做后滚翻,体会团身和推手要领。

5.跪跳起

(1)动作要领

由跪立开始,上体前倾,屈髋,两臂自然后摆,臀部后坐。接着两臂经下迅速向前止方摆至肩水平制动,两臂经下迅速向前上方摆至肩水平制动,同时迅速伸髋,用小腿和脚背压垫,借助反弹力使身体腾起,收腹提膝成半蹲后站立(见图3-1-12⑫~⑰)。

(2)保护与帮助

保护者站在练习者后面,两手扶其腰,帮助完成动作。

(3)教学与训练方法

在保护者提拉下完成动作;

独立完成动作。

(4)易犯错误及纠正方法

摆臂和压腿不协调。在保护者帮助下反复体会摆臂和压垫动作要领。

(二)垫上技巧运动二

动作顺序:鱼跃前滚翻,两腿交叉转体180°起立—后滚翻—后滚成肩肘倒立(停止2s)—跳起转体180°,见图3-1-13。

1.鱼跃进前滚翻,两腿交叉转体180°起立

(1)动作要领

由站立开始,半蹲,两臂斜后举,两脚用力蹬地向前上方跃起,同时两臂迅速前摆,身体在空中保持含胸,稍屈髋姿势。接着两手前伸撑垫并顺势屈臂、低头、团身,使头、肩膀、背、臀依次着垫,向前滚翻。当臀部着垫时,两腿迅速交叉,两脚着垫后起立同时转体180°成蹲立(见图3-1-13①~⑧)。

(2)保护与帮助

保护者站在练习者侧前方,一手托其腹,一手托腿,帮助鱼跃和滚翻。

(3)教学与训练方法

"兔跳练习",体会蹬地跃起和支撑动作要领;

做越过低障碍物的鱼跃前滚翻;

独立完成动作。

(4)易犯错误及纠正方法

图 3-1-13 垫上技巧二完整动作

腾空动作不明显。设障碍物引导腾空动作。

2.后滚翻

同垫上技巧运动一的"后滚翻"(见图 3-1-13⑧~⑪)。

3.后滚成肩肘倒立

(1)动作要领

由蹲撑姿势开始,推垫后坐,屈体向后滚动,收腹、举腿、翻臀,两臂用力撑垫。接着向上伸展两腿,同时两手撑于腰背两侧成肩肘倒立(停止两秒)。然后松手,屈体前滚成站立(见图 3-1-13⑪~⑯)。

(2)保护与帮助

保护者站在练习者一侧,两手握住其小腿向上提拉,帮助充分伸直身体。

(3)教学与训练方法

在练习者腿上方置一标志物,让练习者向标志物伸腿,体会伸展身体的动作要领;
在保护者帮助下完成动作。

(4)易犯错误及纠正方法

伸腿挺髋不够。在保护者帮助下纠正。

4.跳起转体 180°

同垫上技巧运动一跳起转体 360°,只是转体角度为 180°(见图 3-1-13⑭~⑯)。

(三)垫上技巧运动三

动作顺序:鱼跃前滚翻—前滚翻直腿分腿起—头手倒立(停止 2s)—跳起转体 360°(见图 3-1-14)。

图 3-1-14 垫上技巧三完整动作

1.鱼跃前滚翻

同垫上技巧运动二"鱼跃前滚翻"(见图 3-1-14①~⑤)。

2.前滚翻直腿分腿起

(1)动作要领

由蹲撑开始,向前滚翻至臀部着垫时,两腿伸直侧分,同时两手置于两腿间用力推垫,上体积极前跟成分腿屈体站立(见图 3-1-14⑤~⑨)。

(2)保护与帮助

保护者站在练习者一侧,当练习者前滚翻推手时,用力托送其臀部,帮助完成动作。

(3)教学与训练方法

屈体仰卧向前滚动,当臀部着垫时分腿推垫,体会推手动作要领;

在斜面上做前滚翻成直腿分腿立;

在保护者帮助下完成动作。

(4)易犯错误及纠正方法

推手无力。做练习时,保护者一手压练习者头部,一手推臀部,帮助其体会推手要领。

3.头手倒立

(1)动作要领

由分腿屈体站立开始,以前额上部与两手成等边三角形撑垫,身体重心前移,慢慢分腿提臀。当臀部提至支点垂直部位时伸髋,并拢腿成头手倒立,停止 2s 后低头团身前滚成蹲立(见图 3-1-14⑩~⑭)。

(2)保护与帮助

保护者站在练习者一侧,两手握住练习者小腿向上提拉,帮助练习者充分伸直身体。

(3)教学与训练方法

一是在练习者腿上方置一标志物,让练习者向标志物伸腿,体会伸展身体的动作要领。
二是在保护帮助下完成动作。

(4)易犯错误及纠正方法

伸腿挺髋不够。在保护者帮助下纠正。

4.跳起转体 360°

同练习一跳起转体 360°(见图 3-1-14⑭~⑯)。

第二节　空间定向能力训练

空间定向能力训练内容包括平衡操、旋梯、固定滚轮、活动滚轮、四柱秋千等专项训练。

一、平衡操

平衡操是提高前庭平衡功能,提高空间定向能力,减少、预防空间定向障碍、眩晕的重要辅助训练手段之一。通过不同方式的平衡操训练,能提高人在运动中对自身存在的状态、方向和位置的判断及认识能力,以保持和提高人的空间定向能力。

平衡操的训练方法多种多样,本节重点介绍以下 6 种方法:

(一)俯转

1.动作要领

原地站立,上体前屈(与地面平行),右(左)臂自然伸直,食指指向脚前地面。左(右)臂从右(左)腋下绕至耳部,并用手抓住耳郭,目视右(左)手食指下方地面。以站立点为圆心,做向左(右)快速连续转动。一个方向转完后,再换方向转动。

2.训练要求

转动速度 1 圈/s,每组左右转动各 20 圈,连续做 2~4 组。

3.保护与帮助

保护者站在练习者外侧进行保护,防止练习者跌倒和相互发生碰撞。
练习者结束训练后,保护者应迅速扶练习者腰部防止其摔倒。

4.教学与训练方法

练习者慢动作体会要领;
先慢后快,分步反复练习动作。

5.易犯错误及纠正方法

(1)旋转中手指方向不准确。在保护者帮助下反复慢速练习动作。
(2)旋转中重心不稳,速度慢。可采用慢速、反复练习,逐步掌握要领。

(二)坐转

1.动作要领

原地半蹲(大小腿夹角约 90°),两臂前下举,两手并拢,拳心向下,食指斜指地面,目视食指,以站立点为圆心,做和向左(右)快速连续转动。一个方向转完后,再换方向转动。

2.训练要求

转动速度 1 圈/1s,每组左右转动各 20 圈,做 2~4 组。

3.保护与帮助

保护者站在练习者外侧进行保护,防止练习者跌倒和相互发生碰撞。

练习者结束训练后,保护者应迅速扶练习者腰部防止其摔倒。

4.教学与训练方法

练习者慢动作体会要领;

先慢后快,分步反复练习动作。

5.易犯错误及纠正方法

(1)旋转中手指方向不准确。在保护者帮助下反复慢速练习动作。

(2)旋转中重心不稳,速度慢。可采用慢速、反复练习,逐步掌握要领。

(三)仰转

1.动作要领

原地站立,右(左)臂上举,食指垂直指向天空,左(右)臂从腋下绕至耳部,并用手抓住耳郭,目视右(左)手食指方向。以站立点为圆心,做向左(右)快速连续转动。一个方向转完后,再换个方向转动。

2.训练要求

转动速度1圈/1s,每组左右转动各20圈。做2~4组。

3.保护与帮助

保护者站在练习者外侧进行保护,防止练习者跌倒和相互发生碰撞。

练习者结束训练后,保护者应迅速扶练习者腰部防止其摔倒。

4.教学与训练方法

练习者慢动作体会要领;

先慢后快,分步反复练习动作。

5.易犯错误及纠正方法

(1)旋转中手指方向不准确。在保护者帮助下反复慢速练习动作。

(2)旋转中重心不稳,速度慢。可采用慢速、反复练习,逐步掌握要领。

(四)立转

1.动作要领

原地站立,两手侧举,掌心向下,目视前方,以站立点为圆心,做向左(右)快速连续转动。一个方向转完后,再换个方向转动。

2.训练要求

转动速度1圈/1s,每组左右转动各20圈,做2~4组。

3.保护与帮助

保护者站在练习者外侧进行保护,防止练习者跌倒和相互发生碰撞。

练习者结束训练后,保护者应迅速扶练习者腰部防止其摔倒。

4.教学与训练方法

练习者慢动作体会要领;

先慢后快,分步反复练习动作。

5.易犯错误及纠正方法

(1)旋转中手指方向不准确。在保护者帮助下反复慢速练习动作。

(五)对转

1. 动作要领

两人一组面对站立,两臂前举互握对方手腕,两眼平视。以两人之间的中心点为圆心,互相用力做向左(右)快速连续转动。一个方向完成后,再换方向转动。

2. 训练要求

转动速度1圈/1s,每组左右转动各20圈,做2~4组。

3. 保护与帮助

保护者站在练习者外侧进行保护,防止练习者跌倒和相互发生碰撞。

练习者结束训练后,保护者应迅速扶练习者腰部防止其摔倒。

4. 教学与训练方法

练习者慢动作体会要领;

先慢后快,分步反复练习动作。

5. 易犯错误及纠正方法

(1)旋转中手指方向不准确。在保护者帮助下反复慢速练习动作。

(2)旋转中重心不稳,速度慢。可采用慢速、反复练习,逐步掌握要领。

(六)侧转

1. 动作要领

两人一组,并排反向站立,内侧臂侧举并互握手腕,目视前方。以两人之间的中心点为圆心,互相用力快速转动。一个方向完成后,再换方向转动。

2. 训练要求

转动速度1圈/1s,每组左右转动各20圈,做2~4组。

3. 保护与帮助

保护者站在练习者外侧进行保护,防止操练者跌倒和相互发生碰撞。

二、活动滚轮

活动滚轮运动是在不固定的轮子里,利用身体重心的移动使轮子滚动,从而锻炼身体的运动项目。经常进行滚轮练习,对提高空间定向能力有积极作用。

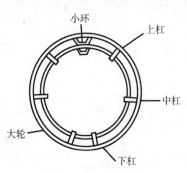

图3-2-1 活动滚轮结构及各部位名称

活动滚轮结构及各部位名称见图3-2-1。

活动滚轮运动包括挂足前后滚、侧滚、踏环侧滚、燕式前滚、挂膝后滚等练习。

(一)挂足前后滚

1. 动作要领

(1)挂足前滚

两手握中杠,上体稍后仰,左脚踏入小环,右脚着地(见图3-2-2)。右脚蹬地后迅速踏入小环,上体前倾、低头、两臂伸直压杠,低头收腹,两腿伸直与身体成直角,臀部移向圆心。滚至前上方时,稍屈臂,伸直髋关节,身体前移继续前滚(见图3-2-3)。

(见图 3-2-3)。

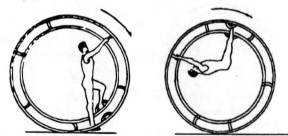

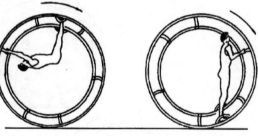

图 3-2-2　挂足前滚一　　　　　图 3-2-3　挂足前滚二

（2）挂足后滚

前滚制动后，两腿逐渐伸直后蹬，两臂拉杠上体后倒，收腹，臀部移向圆心。仰身接近水平时，两臂伸直，抬头挺胸（见图 3-2-4①）。滚至后上方时，屈腿、收腹、拉肩，使两臂与上体成一直线，继续后滚（见图 3-2-4②）。

图 3-2-4　挂足后滚

（3）制动

前滚头朝下时，两臂伸直，逐渐屈腿（见图 3-2-5①）；后滚超过垂直部位时，逐渐屈臂，伸直髋关节，身体前移（见图 3-2-5②）。

 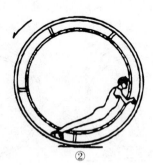

图 3-2-5　制动

（4）退孔下

后滚至最高点回落时，一脚踏上杠前滚，另一脚迈出着地。两脚着地时成蹲立，退孔出轮后成两手握杠的站立姿势（见图 3-2-6）。

2.保护与帮助

保护者站在滚轮一侧，当练习者滚至头朝下时托肩，仰身时托背，防止其跌倒。

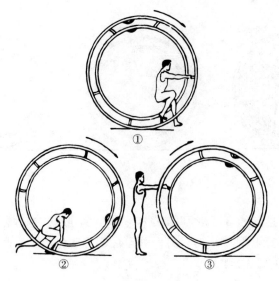

图 3-2-6　退孔下

3. 教学与训练方法

保护者一人推轮慢滚,一人保护,让练习者体会挂足前、后滚动作要领。

4. 易犯错误及纠正方法

(1) 滚动时,脚勾得不紧,脱环跌下。保护者提示或托练习者臀部进行纠正。

(2) 前后滚时屈腿、顶肩不及时。可在保护者推轮慢滚中提示纠正。

(二) 侧滚

1. 动作要领

(1) 左侧滚

两手分握上杠,两脚分踏下杠(见图 3-2-7)。向左滚动时,臀部左移,左脚蹬杠,右臂拉杠向左滚。滚至身体接近水平时,左手和左脚支撑,同时屈右臂,右脚蹬杠,保持身体平衡,臀部逐渐右移,右臂推杠。头朝下时,直臂屈腿展腹抬头,两脚用力夹杠。接着右脚蹬杠支撑身体,重心继续左移,手脚依次用力连续向左侧滚(见图 3-2-8)。

　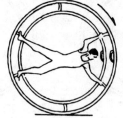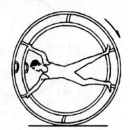

图 3-2-7　侧滚准备　　　图 3-2-8　左侧滚

(2) 右侧滚

动作要领同左侧滚,但方向相反。

(3) 制动

当身体滚至正立部位时,臀部向相反方向移动。

2.保护与帮助

保护者在练习者背后托肩。当练习者身体接近水平时,两手托腰,防止其跌下。

3.教学与训练方法

在地上练习侧手翻成分腿手倒立;

一人推轮慢滚,一人保护,让练习者在轮内体会侧滚动作要领。

4.易犯错误及纠正方法

侧滚倒立时,屈臂、两脚蹬夹杠不紧,使身体掉下。在保护者提示和帮助下,体会直臂顶肩和夹杠动作要领。

(三)踏环侧滚

1.动作要领

(1)踏环右侧滚

两手分握上杠,两脚挑起,收腹,举腿成屈体悬垂,左腿伸直踏前轮,右腿弯曲踏后轮(也可踏上小环),两膝并拢(见图3-2-9)。身体重心右移,左手拉杠,右手推杠,向右滚动。当滚过垂直部位后,身体接近水平部位时,臀部积极向上提起。当身体滚至接近最高点时,臀部向前进方向移动。接着右臂拉杠,左臂推杠,两膝并拢,继续滚动(见图3-2-10)。

 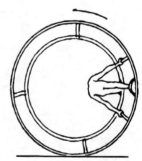

图3-2-9 踏环右侧滚准备　　　　图3-2-10 踏环右侧滚

(2)踏环左侧滚

动作要领同右侧滚,但方向相反。

(3)制动

当身体滚至乘直部位时,重心向相反方向移动。

(4)退孔下

下轮时,向右转体,两脚依次着地成蹲立状,左手换握前杠,退孔出轮成站立姿势。

2.保护与帮助

保护者在一侧双手托练习者臀部,防止其跌下。

3.教学与训练方法

在轮内练习左右摆动;

在保护者推轮滚动中体会动作要领。

4.易犯错误及纠正方法

臀部前后移动。在保护者推轮慢滚中体会臀部左右移动要领。

(四)燕式前滚

1. 动作要领

右手握下杠侧立于轮外。右手拉压下杠,使轮向身体左侧滚,身体随即从下杠与中杠之间进入轮内,然后向左转体,左手向后反握同一下杠,一脚踏中杠,一脚迅速蹬地向前滚。身体接近水平时,一脚蹬杠,另一脚勾杠,抬头、挺胸、重心前移。头朝下时,低头、收腹,臀部靠杠,两臂用力握杠向前滚动(见图3-2-11)。下轮时,保持收腹姿势制动,回滚时一脚踏地,向后转体退孔出轮。

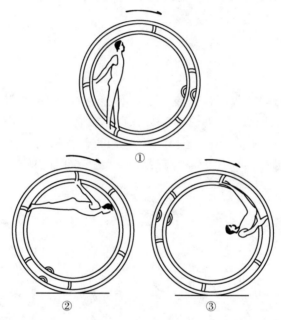

图 3-2-11　燕式前滚

2. 保护与帮助

保护者在练习者身体接近水平时托其胸;头朝下时托练习者肩,防止其跌下。

3. 教学与训练方法

保护者推轮慢滚,让练习者从中体会燕式前滚要领。

4. 易犯错误及纠正方法

屈臂、收腹影响滚动。在地上,保护者在练习者后面,拉其两手,用脚抵脚后跟,让其在前倒中体会抬头、挺胸、拉臂动作要领。

(五)挂膝后滚

1. 动作要领

练习者立于轮外,两手握中杠。两手用力压杠,退后一步下蹲进入轮内,两腿顺势用力蹬地,两膝挂杠,两臂伸直,抬头挺身向后滚。滚至头朝下时,髋关节弯曲、顶肩,使两臂与上体成一条直线,两腿紧挂杠上。滚至后下方时,小腿积极前伸用脚踏蹬地,继续后滚(见图3-2-12)。下轮时,滚至前下方脚离地,身体伸直制动,回落后退孔出轮。

2. 保护与帮助

保护者在练习者头朝下时托其肩,帮助完成动作。

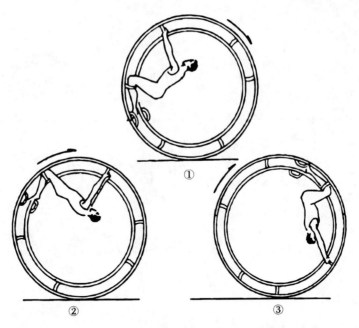

图 3-2-12　挂膝后滚

2.保护与帮助

保护者在练习者头朝下时托其肩,帮助完成动作。

3.教学与训练方法

俯撑地上,屈腿跪地,臀部后移,使上体与两臂成一直线,体会挂膝顶肩动作;

保护者推轮,帮助练习者完成动作,让其体会要领;

练习者独立完成挂膝后滚。

4.易犯错误及纠正方法

没有及时顶肩,屈腿不够,影响连续滚动。可在地上跪立,两臂伸直触地,体会臀部后移、直臂压杠和顶肩动作要领。

Part 4

模块四　舢板运动

第一节　舢板的起源及发展

一、舢板的起源

在原始社会初期,先民们的活动范围局限于靠近水域的地方。为了自身的生存并与自然灾害做斗争,他们创造了最早的水上交通工具——筏子。这是一种用树干或竹子并排扎在一起的扁平状物体。之后,为了提高运载能力,人们又刳木为舟,创制出早期的独木舟。这是一种用独根的树干挖成的小舟。有了舟,人们又发明了推进其在水中自由行进的工具,即"剡木为楫"。(将木头削成桨来推进舟。随着生产力的不断提高,水上运输活动日益频繁,对载重量的要求也日益增加,人们又创造出新型的船——木板船。早期的木板船很简陋,无非是在独木舟的基础上加装木板,以扩大独木舟的装载量。后来,人们干脆抛开独木舟,直接用木板造船。这种木板船是由一块底板和两块弦板组成的最简单的"三板船"。

13世纪,马可·波罗的来到中国,看到很多奇异的景象,其中就包括一种刷着明亮油漆的船。这些船就是舢板。在某些方面,当时中国舢板制造技术远远领先于欧洲的造船技术。例如,在艉部底下有一个方向舵,在甲板上还有防水隔间等。

筏、独木舟、木板船演进参见图4-1-1。

图4-1-1　筏、独木舟、木板船演进示意图

二、舢板运动的发展

(一)古代赛船运动

划船最早是人们谋生的手段,如古代埃及人常常乘船打鸟、钓鱼、搜集食物等。随着生产力的发展,划船逐渐从生产劳动和战争中分离出来,发展成为一项娱乐健身活动。古代埃

及法老根据自己的爱好,在宫殿附近挖湖划船游玩。

古希腊人最早醉心于赛船运动。船把腓尼基的文明带到了古希腊,又是船把古希腊人从波斯人的铁蹄下解脱出来。古希腊的水上运输与造船业的发达促进了赛船运动的产生与发展。

在我国,远在春秋战国时期,随着水上交通及军事活动需要而设立了一种操舟训练。操舟的技能要求很高,根据作战的需要及船型大小分别,有不同的训练方法。同时期还出现了"竞渡",也就是划船比赛,并一直延续至今。最早用于竞渡的船是一般的木船,隋唐以后就改用龙舟了。

从上述情况来看,古代的赛船运动的起源于古埃及、古希腊及古代中国等文明古国。

(二) 国外近代赛船运动的发展

通常认为,国外近代赛船运动是起源于英国。根据《舢板事务》一书记载,在11世纪和12世纪,陆上交通不发达,且经常受阻。于是,英格兰人经常用船运送旅客和商人等。1514年和1555年英国议会通过法令,允许水上人家在泰晤士河上以运输或摆渡旅客谋生。当时就有相当一部分人的生活依靠"赛船生意"。到16世纪和17世纪,这些水上人家经常进行比赛。但是,第一次真正有记载的划船比赛是1715年的被称之为"道决特的外套和徽节"的比赛。而托马斯·道决特因此被认为是现代赛船运动的奠基人。1800年至1810年,在英国经常有水上人家之间、绅士贵族之间为了打赌而举行赛船,这些比赛接近于现代体育运动中的赛艇运动。这期间的这类比赛尚属一种业余活动,主要在泰晤士河的威斯敏斯特举行。

1812年,牛津大学开始举办赛艇比赛,剑桥大学则自1826年开始。两所大学之间的第一次赛艇比赛是1829年在Henley举行的。但直到1839年,两所大学之间每年举行一次的"赛船"才正式确定下来,成为传统项目。到了19世纪初,赛船运动风靡整个欧洲。同时期,在美国与澳大利亚,赛船运动也非常普及。

(三) 我国舢板运动的发展

按照《中国近代体育史》的记载,我国的近代体育运动兴起于19世纪60年代。但是根据《舢板事务》一书记载,早在1760年清政府就有禁令,禁止驻广东的外国人在河上赛船取乐。但此项禁令并没有得到真正实施。1837年6月21日,一些年青的外国人在广东成立"广东帆船俱乐部",并于当年举行了第一次赛船大会。俱乐部由于鸦片战争而中断,直到1844年12月13日才重新恢复活动。

从广泛意义上而言,舢板运动伴随着帆船运动的发展应运而生。其竞赛方法、规则及操作原理与帆船运动大体相同,仅仅是船的形状有所区别。因此,要了解舢板运动的发展就有必要先了解帆船运动的发展。

帆船运动充满冒险精神,集娱乐性、刺激性于一体。从事帆船运动可以亲近自然,体味与风浪搏击的快乐。

作为中国帆船运动的诞生地,青岛的城市发展与帆船运动的发展有很深的渊源,早在1904年5月,德国皇家帆船俱乐部就在青岛举办了首次海上帆船比赛,将汇泉湾开辟为赛场,并成立了帆船俱乐部。青岛的帆船运动由此开始起航。1953年5月,青岛航海俱乐部成立,标志着新中国航海运动拉开了序幕。青岛成为中央体育俱乐部开展航海运动的重点试办城市和重要基地。自此,各类海上运动项目在青岛蓬勃发展起来。2008年,青岛市作为北京奥运会协办城市,成功举办了奥帆赛和残奥帆赛,在场馆建设、赛事组织、比赛经验、人才储备等方面有了很大的提高和突破。随后,青岛市又引进了克利伯环球帆船赛、沃尔沃环球帆船赛等一系列重大国际帆船赛事。时至今日,帆船文化已经成为青岛城市文化的有机成分。

帆船运动与驻青高校有很深的历史渊源。早在20世纪50年代青岛航海俱乐部成立之初举办的首届辅导员培训班,就吸引了当时7所高校的64名学员参加。在之后的半年时间,参加水上运动训练的机关干部、优秀学生就达500多人。一些学校还开展了制作舰船模型的勤工俭学活动。此外,有23所学校的学生开展了舢板荡桨和驶帆活动。一时间参加水上运动成为当时大中学生的一种时尚,也为日后帆船运动在青岛的开展奠定了良好的群众基础。

第二节 舢板荡桨技术

一、舢板船的结构及各部分名称

(一)船体的结构(见图4-2-1)

在讲解舢板船的船体结构之前,先让我们了解一下一般船体结构的概念。

船壳:即船的外壳,是以铆钉或电焊将多块钢板结合而成的,包括龙骨翼板、弯曲外板及上舷外板。

船架:为支撑船壳所用各种材料的总称,分为纵材和横材两部分。纵材包括龙骨、底骨和边骨;横材包括肋骨、船梁和舱壁。

甲板:铺在船梁上的钢板,将船体分隔成上、中、下层。

船舱:指甲板以下的各种用途空间,包括船首舱、船尾舱、货舱等。

旁龙骨:龙骨两侧的纵向构件。它承受部分纵向弯曲力矩,提高船体承受外力的强度。

肋骨:船体内的横向构件。它承受横向水压力,保持船体的几何形状。

龙筋:船体两侧的纵向构件。它和肋骨一起形成网状结构,以固定船侧板,增大船体的结构强度。

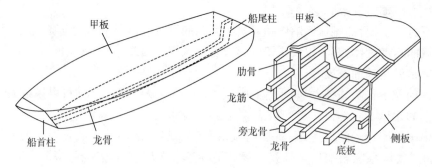

图4-2-1 船体的结构

船壳板:包括船侧板和船底板。船体的几何形状是由船壳板的形状决定的。船体承受的纵向弯曲力、水压力、波浪冲击力等各种外力首先作用在船壳板上。

船首柱和船尾柱:分别安装在船体的首端和尾端,下面同龙骨连接。它们能增强船体承受波浪冲击力和水压力,承受纵向碰撞和螺旋桨工作时的震动。

(二)船体各部位名称

船舶各部位的名称如图4-2-2所示。船的前端为船首;后端为船尾;船首两侧船壳板弯曲处为首舷;船尾两侧船壳板弯曲处为尾舷;船两边为船舷;船舷与船底交接的弯曲部为舭部;连接船首和船尾的直线为首尾线。首尾线把船体分为左右两半。从船尾向前看,在首尾线右边的叫右舷,在首尾线左边的为左舷;与首尾线中点相垂直的方向叫正横,在左舷的叫左正横,在右舷的叫右正横。

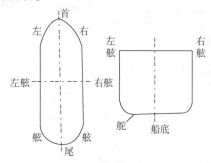

图 4-2-2 船体各部位名称

(三)舢板船的主要装备

下面具体介绍舢板船属具的位置、形状及作用。

1. 桨

舢板是按照桨手座位的数量配备桨的数量的,另外还应有两把备用桨。舢板桨有以下两种样式:

(1)角柄桨

桨柄为六角形,各部名称依次为握柄、桨柄、平衡铅、桨杆、桨杆护皮、桨叶、桨叶护皮(见图4-2-3)。角柄桨粗大沉重,桨柄和桨杆重量相差较大,需要在桨柄上灌注平衡铅,以便操作。

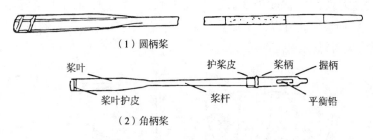

图 4-2-3 桨各部位示意图

(2)圆柄桨

桨柄为圆形,多用于小型舢板。

圆柄桨桨体较轻,没有平衡铅。桨杆护皮为牛皮或帆布制成,包扎于桨杆架在桨叉的部位,以减缓桨杆的磨损。桨叶护皮是包在桨叶前部的一块铜皮,用以加固桨叶。桨不用时应放在舢板两侧。通常角柄桨桨叶朝向艇首。圆柄桨桨叶朝向艇尾。

2. 桨叉(桨架)

桨叉用铜或铁制成,荡桨时插进桨叉孔里,然后将桨杆架在上面。桨叉的作用:一是防止桨移位,二是避免桨直接和艇缘摩擦。也有的舢板在艇缘开有加固的凹槽,用以代替桨叉

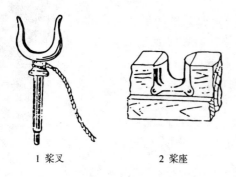

1 桨叉　　　　2 桨座

图 4-2-4　桨叉桨座

固定桨的位置。

桨叉附有细绳,细绳应固定在艇上,以防止桨叉掉入水中(见图 4-2-4)。

3.挽钩(带钩艇篙)

挽钩是一根一端装有金属钩子的木杆。舢板靠离码头或舷梯时,可用挽钩撑开舢板或钩住被靠泊的物体。挽钩落水后应能保持不沉。挽钩分长短两种,习惯上大型舢板配长、短挽钩各两把,中型以下舢板配备长、短挽钩各一把。在长挽钩的杆身上,可每间隔10cm涂上红白或黑白相间的标志,以便测量水深(见图 4-2-5)。

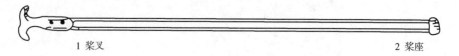

1 桨叉　　　　　　　　　　　　　　2 桨座

图 4-2-5　挽钩

4.舵和舵柄

舵是舢板装具,由舵柱、舵叶、舵钮、舵针、舵柄等组成。

舵针是用铜或铁制成,有上下两个,分别固定在艇尾板和艇尾柱上。舵叶和舵柱是一个整体,在舵叶内缘有两个舵钮。平时,舵可以卸下放置在艇尾。使用时,舵手一手提舵绳,一手持舵叶,将上、下舵钮分别套进上、下舵针,舵即可以绕舵针转动。舵柱在舵叶上端,成四方形,上面有供插舵柄用的小孔(见图 4-2-6)。

舵柄是铁制的,一端插在舵柱的插孔内,用来转动舵叶,其构造样式有直舵柄、弯舵柄两种。弯舵柄在荡桨时使用。它的中部做成弯曲形状,是为了操舵时不受艇尾旗杆的影响。驶帆时,旗升在帆顶上,因此可以卸下艇尾旗杆,用直舵柄操舵。有的舢板还配有带舵索的横舵柄,用于风浪大时操舵(见图 4-2-7)。

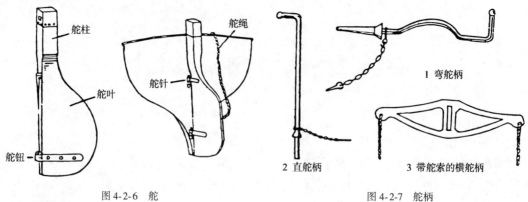

图 4-2-6　舵　　　　　　　　　　图 4-2-7　舵柄

5.舵柄舢板锚

舢板锚和舵一样,也是舢板装具。每艘舢板通常配备一个锚,不使用时收起锚档,放在艇首木格板上。

舢板锚的锚索是一根长约60m的化纤绳,平时整齐地盘置在船内,使用时随锚抛出。锚索和舢板相连的一端,应该通过艇首钩后再固定在座板上,以免锚索沿船缘滑动。固定时可打舢板结。

除上述装具和属具外,有的舢板还配有淡水桶、水撮、跳板等。

6. 桅

配备桅具和帆具的舢板,其桅是一根坚固的圆材。桅脚部分断面呈四方形,桅脚的前端用金属包着,以防材裂,减小磨损。

桅顶套有一个金属箍,箍上有数个固定眼环,用来固定桅索。桅索是用细的软钢缆(大型舢板)或纤维绳制成。小型舢板有2根桅索,大型舢板有4根桅索。每根桅索的下端都有带铁嵌环的绳环,并系有一根细绳。立桅时,用此细绳穿过船缘内侧的眼环,将桅索拉紧(见图4-2-8)。在靠近桅顶金属箍的部分,有一个嵌于桅中的滑轮,起帆索便从滑轮穿过,控制帆的升降。起帆索用纤维绳制成,它的一端连有挂帆钩,钩把垂向固连一个圆环,圆环套在桅杆上,使帆能沿桅杆起落。起帆索的另一端穿过桅顶滑轮垂至舢板底部,桨手握索可控制帆的起落。帆升起后,起帆索的自由端可固定在座板的固定栓上。固定栓是一根铜棒,其形状和夹桅环的固定栓相同,插在贴靠桅杆的座板眼内,可像十字索栓一样固定绳缆(见图4-2-9)。

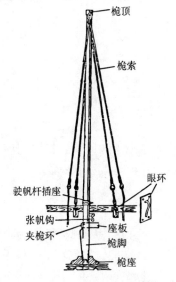

图 4-2-8 船桅部位示意图

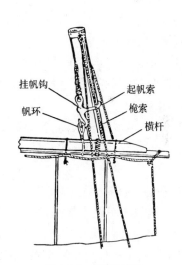

图 4-2-9 绳索固定图

桅的名称按舢板装桅的多少而定。如果只有一根桅,这根桅就叫前桅。桅有两根以上,从艇首算起,第一根桅叫前桅,第二根桅叫主桅,第三根桅称为后桅。六桨舢板仅装备单桅,十桨舢板则多装备双桅。

二、登、离船的要求及注意事项

(一) 桨手座位的分配

为了保证桨手在比赛中能够迅速登船,桨手的位置必须进行确切、合理的分配。其分配原则一般应以桨手的技术水平和体力而定。首先应选择技术好、体力好的桨手担任领桨(即艉桨),因为划桨中要求左、右舷的动作及用力一致,否则会使船首偏转或左右摇摆,不易操舵,影响船速。其次是选配头桨。划桨时左右舷的头桨动作频率要一致,用力要均匀,特别是当船在离靠船舶和码头时,更需要互相配合默契,使船安全迅速地离靠。中间桨手可根据技术和力量情况进行左右分配。除领桨外,中间桨手用力最大。

船上桨手位置分配从船尾算起,以12桨舢板为例,右舷为单号数1、3、5、7、9、11,左舷为双号数2、4、6、8、10、12。其中,1、2号数位置为领桨(艉桨),11、12号数位置是头桨(见图4-2-10)。

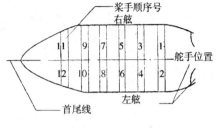

图4-2-10 船上位置

(二)桨手登、离船的顺序

为了培养舢板桨手的组织纪律观念,养成良好的作风,防止意外事件的发生,应严谨、有序地登离船。

桨手登、离船的具体顺序由船长或舵手根据该船所处的方位决定。从船首登船时,舵手先上,桨手按照号数顺序先后登船;从船尾登船时则相反,最后是舵手登船。离船顺序与上述规定相反。

舢板船系泊时,若船尾靠舷梯(或码头),头桨先登船,其他各桨手按照号数顺序登船,领桨(尾桨)最后登船;离船时,领桨(尾桨)先离船,其他桨手按号数反顺序离船。

若船首靠舷梯(或码头),领桨后登船,其他各桨手按照号数反顺序登船;离船时,则按照号数的相反顺序离船,领桨最后离船。

若舢板船滑吊到与甲板平齐(如暂时停在吊艇架上,或船缘全部靠码头时),右舷船员按照号数的顺序从船尾登船,左舷船员按号数的反顺序从船首登船;同样情况离船时,按上述相反的顺序离船。

风浪较大时,船滑吊至水面,暂停松放,各船员的登船次序应根据当时软梯挂在船首或船尾附近船舷的情况,选择上述几种顺序,进行登、离船。软梯近船头,头桨先上;近船尾,领桨先上。

(三)船员登、离船时的注意事项

登、离船时,脚不可踏在船缘、桨、挽篙、座板上面。更不允许用蹦跳动作登、离船。

坐在座板上时,面向船尾,上体姿势保持正直,两腿自然弯曲,两腿蹬在脚踏板上,两手放在膝盖上(见图4-2-11)。手、肘或上体都不能放在船缘上或伸出舷外,更不允许随便躺卧或坐在船缘上。

图4-2-11 坐法

船员不可坐在操舵的位置或船首花板上,以免影响指挥和头桨的操作。

在船上要保持肃静,不要随便讲话,注意听船长或舵手的口令,动作应迅速、准确。

(四)舢板船属具放置的规定

为了应对紧急情况,船上所有装备和属具都应有秩序地放在规定的位置,并编上号码,以免应急时发生混乱。

1. 桨的分配

桨的编号和桨手的编号相同。右舷是单号数,在桨柄上用绿漆写上号码;左舷是双号数,在桨柄上用红漆写上号码。最短的桨分配给头桨手,较短的桨分配给领桨手(艉桨手),长桨分配给中间桨手。

2. 桨的放置

为了出桨操作方便,桨叶朝向船首与龙骨平行,放置在座板上;按出桨顺序,头桨放在靠船舷的最里面,其余的桨按照顺序放置;桨叶靠搭一致,桨柄应与领桨座板平行。

3. 舵桨放置

舵柄靠紧舷边,舵桨叶朝向船尾。

4. 挽篙(即挽钩)的放置

挽篙放在船中与龙骨平行,钩头朝向船首。

5. 带缆的放置

船首、船尾带缆不用时,分别盘在船首、船尾的花板上。

6. 锚和锚缆

锚和锚缆分别放在船首花板下左右舷。锚缆应放置得有条理,不相互压叠。

三、舢板划桨(荡桨)技术

(一)划桨前的准备和动作要领

1. 就位

桨手上体姿势保持正直坐在座板上,两脚踏在底花板上,两腿自然弯曲,面对正前面桨手。就位口令也可用于休息后再划桨的准备。

2. 报数

桨手按照自己坐的位置顺序报数。

3. 撑开

头桨手用挽篙顶在大船舷或码头上,用力将船首迅速撑开一定距离,以便划桨。其余桨手收进碰垫,放在船内,但不得放在桨上,以免妨碍出桨。

4. 上桨叉

各桨手用外舷手拿桨叉,插入桨叉孔中并转正。

(二)划桨的口令与动作要领

1. 预备桨(拿桨)

从船尾开始按座位顺序依次拿桨。各桨手上体半面转向舷外,以内舷手握住桨柄末端向下压,外舷手肘部向上托起桨柄,把桨放在靠近自己的桨叉(桨门)的舷缘上,同时用外舷手帮助后面桨手传递,迅速出桨。

2.放桨（平桨）

各桨手一齐把桨托起，将桨杆护皮部分放在桨叉上。身体转正后，坐在座板上约1/3宽处，两脚掌心自然踏在脚蹬上，两膝微屈，并向领桨手看齐如图4-2-12所示。两手握桨的距离约与肩同宽，大拇指与其他四指分开握桨，两手掌心向下或一手掌心向上，另一手掌心向下如图4-2-13所示。桨成水平状态，桨手应坐正，两眼注视桨叶。

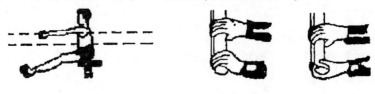

图4-2-12　放桨　　　　　　　　图4-2-13　握法

3.桨向前

这是桨划水前最后一个准备动作。各桨手听到"桨向前"的口令后，上体尽量前倾，双臂将桨柄推向船尾方向，使桨叶移向船首方向，桨叶与水面约成45°~60°角，桨叶端与水面距离约20cm（有浪时应适当提高），如图4-2-14所示。

4.一齐划

这是使船前进的主要动作。初学这个基本动作时，可以采用以下分解动作练习。

各桨手向领桨手看齐，同时注视自己的桨叶，上体迅速前倾，两臂伸直。上体前倾的同时，两手腕将桨柄向内转，使桨叶与水面约成45°~60°角，如图4-2-15①所示。

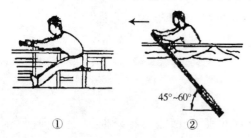

图4-2-14　桨向前

稍微提一下桨柄，使桨叶1/2至1/3插入水中，同时上体向后倒，带动双臂拉桨。两脚蹬在脚踏板上，致使桨柄接近与船缘垂直时，上体后倒至最大限度。

两肘迅速屈臂收腹，使桨叶击打水，同时使上体坐直，将桨柄压在胸前，如图4-2-15②~⑥所示。

当上体坐直时，开始做桨向前的动作。双臂推桨柄向船尾方向，上体前倾，向内转动桨柄，使桨叶与水面约成45°~60°，桨叶端距水面约20cm，即桨向前的动作姿势，如图4-2-15⑦~⑩所示。

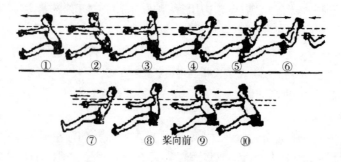

图4-2-15　一齐划

按照上述动作要领,在分解动作练习的基础上进行连续动作的训练。练习时应注意:

划桨时,桨叶与水面垂直(桨叶划水轨迹应与水面成平行的直线)。

桨叶划水应保持一定的弧度,该弧度为80°~90°,前半弧约为50°~55°,后半弧约30°~35°。

回桨时,桨叶的轨迹应接近水面并与水面平行,桨叶与水面约成150°。这样桨叶所走的路程短,空气阻力小,可节省体力。顶风浪时,桨叶与水面应保持平行,以减少阻力。

在划水动作即将结束时,两臂应突然用力,收腹,下压桨柄使桨叶顺利出水,进入回桨阶段。

5. 一齐退(倒划)

使船向后退的划桨动作,可分为两个动作分解练习。

外舷腿退出脚踏板,登在底花板上。上体稍向后仰,反桨柄靠在胸前,外舷肘顶住桨柄。桨叶与前进入水角度离水距离相同,如图4-2-16所示。

图4-2-16 一齐退

两臂向上使桨叶1/3入水,外舷腿用力支撑,推臂收腹使桨柄用力推向船尾,下压桨柄使桨叶出水。

两个动作熟练后即可做连续动作。

6. 左进右退(或右进左退)

在船需要迅速向右转弯时,舵手下达此口令。这时,左舷桨手用"一齐划"的动作,右舷桨手用"一齐退"的动作。"右进左退"时与之相反即可。

7. 桨挡水

这个动作主要用于迅速减慢船速,如靠近大船舷梯、码头或接近水上其他浮动物体时。船速太快或偏离方向时也可用一舷桨挡水,使船靠近物体或拨正舵向。

各桨手听到口令,应立即停止划桨动作,同时将桨叶移到正横位置。外舷腿退出脚踏板,登在底板下方的花格板上。两腿用力支撑,两臂弯曲,舷内肘靠紧上体,舷外肘臂靠紧上桨柄,同时收腹。上体前倾且桨叶与水面成45°,桨叶1/3入水。随着船速减慢,桨叶由45°逐渐与水面成90°,如图4-2-17所示。桨柄随之离开胸部准备做下一个动作。

8. 顺桨

船在前进过程中为了避免桨叶碰撞两侧附近的物体、船舶、堤岸或通过狭窄水道时,往往下达此口令。此时,桨手上体应后仰,同时外舷手抓住桨柄,拉向胸前由内向外推靠于船缘。外舷手压住桨柄,同时上体坐起。这样桨叶垂直水面并

图4-2-17 桨挡水

紧靠船缘，桨不易滑落水中，船可以依惯性前进。在宽敞的水面上顺桨时，桨手可借此稍事休息。如图4-2-18所示。

9. 平桨

平桨是指桨手们将桨叶平放在水面上。平桨时要求身体放松，将桨叶背面着水，桨叶的前面向天。平桨也是一种口令。当船在行进中遇到障碍物或靠近码头需要停止划桨时，舵手或教练员可以用"平桨"口令，要求船员停止划桨。如图4-2-19所示。

图4-2-18 顺桨

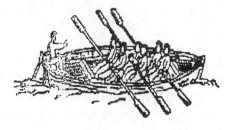

图4-2-19 平桨

10. 拉桨

桨叶入水后，桨手们的体重通过腿部用力传递到脚踏板上。与此同时，桨手们用各部分肌肉积极地拉桨。从肌肉用力的顺序看，一般认为拉桨开始时主要依靠腿部力量，然后是背部肌肉，最后是肩臂积极用力。

11. 按桨

拉桨后，两腿蹬直，躯干在座板上垂直位置后仰35°左右。双臂曲拉至膈肌部位，双手用掌心轻夺桨柄移至腹部。用手腕关节作弧形下按动作，使桨叶迅速垂直出水。按桨时要求干净利落，动作快而轻巧，否则桨叶掠水，会影响速度。

12. 立桨

立桨一般用于通过狭窄水道或避让船艇和其他障碍物。立桨也可表示敬礼或荡桨竞赛已到达终点。桨手听到此口令时，内舷手猛用力压握桨柄的同时，外舷手立即扶起桨杆使桨直立。桨柄放在两脚之间的船底花格板上，桨叶与船首尾线平行，并向尾桨看齐。内舷手握住桨杆，手与肩高。外舷手握住桨杆，与腰部同高，身体坐正，面向船尾。如图4-2-20所示。

13. 收桨

快要靠近码头或停泊处，结束划桨不再用桨时，下达此口令。由船首开始收桨，各桨手用外舷肘托桨杆，内舷手压桨柄，将桨托出桨叉、桨门。上体向舷外转，把桨放在舷缘上。由船首开始收桨，桨叶向船首。其他桨手用外舷手接桨，帮忙摆好，拔出桨叉。

图4-2-20 立桨

14. 预备钩

在下达"收桨"命令之前，舵手可视情下达此口令，以便头桨手有足够的时间收起桨和桨叉，准备好挽钩。两名头桨手的动作是：荡完一桨，作"立桨"动作，然后同排两位桨手将手持两桨并拢放在座板中央，桨叶朝向艇首，取下桨叉。随后手持挽钩，站于艇首，配合舵手调整舢板靠泊。六桨舢板也可仅派一名桨手预备钩。

15.用桨撑

当舢板需要离滩或通过不能荡桨的浅水或浅窄水道时,可下达此口令。

桨手听到舵手的命令后,停止荡桨。外侧的臂肘托住桨柄,内侧的手握住握柄,把桨从桨叉内取出,并使桨柄朝下直立于两膝间的艇底垫板上。然后起身,面向舷外,取桨,并以握柄撑水底,使艇向预定方向运行。

结束撑桨后,如需进行其他操作,舵手应先下令"放桨"。桨手听到命令后,把桨从水中直提起至握柄高于船缘。接着在坐下的同时,把握柄放在垫板之上,使桨直立于两膝之间。然后用一臂肘托桨、一手握桨,把桨放回桨叉,持桨成"放桨"姿势。

(三)划桨常见错误动作及纠正方法

1. 别桨

桨叶入水角度过大,划桨时过早转动桨叶,形成切水动作,使桨叶入水较深,形成别(别:卡住、插位、绷住)桨。

纠正方法:讲解动作要领,采取分解口令练习,将划桨动作从入水到半程作为口令"一",后半程到桨出水作为口令"二",使练习者充分体会转桨时机。

纠正方法:讲解产生错误动作的原因,要求桨手必须注意力集中,眼盯桨叶,严格控制桨入水角度。另外,在桨杆护皮上涂上黄油,以避免桨叉发涩影响桨柄思动而造成别桨的错误动作。

2. 漂桨

因桨叶入水角度过小,内舷手过于向下压按桨柄,划水时造成划空桨,即漂桨。

纠正方法:讲解产生错误动作的原因,要求桨手必须注意力集中,眼盯桨叶,严格控制桨入水角度。另外,在桨杆护皮上涂上黄油,以避免桨叉发涩影响桨柄转动而造成别桨、漂桨的错误动作。

3. 屈臂划桨

这主要是桨手单纯用臂划桨,没有充分利用腿部和腰腹部力量而造成的。

纠正方法:讲解动作要领,多做示范加以纠正。

4. 直臂回桨过猛

桨手开始就伸直手臂,既容易碰撞前面桨手的背部,又会造成回桨过猛,而消耗体力。

纠正方法:讲解回桨的正确动作,要求手半屈臂,用胸部顶推桨柄,使手臂肌肉放松。同时可采用分解动作的方法进行练习加以纠正。

5. 回桨过高

由于内舷手下压桨柄过大,造成回桨过高。这样不仅加长回桨路线,也增加回桨阻力,易消耗体力和破坏动作的整齐。

纠正方法:讲解回桨的正确动作,握桨柄的两手用力一致,使桨叶转正水平回桨。

6. 划桨时身体后仰太小或起身太早

划水弧度太小,或怕后仰太大身体起不来而不敢后仰,或仰倒后不等屈臂划桨动作完成就立即起身。

纠正方法:可采用分解动作的练习和后仰时不喊口令不准起身的方法进行纠正。同时加强腰腹肌的练习,以克服后仰太小或起身太早的错误动作。

7.桨叶入水拍溅浪花

桨叶入水时不是顺着桨叶入水角切入水中,或是桨未转好就划水,从而造成桨叶拍溅浪花。

纠正方法:可采用"四动"分解练习法,即桨叶入水、划水、桨叶出水、停止不动,回桨至桨叶入水前预备划动作,加以纠正。

8.出水时桨叶挑水

桨叶出水时,不是将桨叶顺出水仰角抽出,而是用力向上挑造成的。

纠正方法:通过讲解和示范,反复练习加以纠正。

9.桨与桨碰撞

同舷桨手划桨动作不整齐、有快有慢,从而造成桨的碰撞。

纠正方法:要求桨手思想集中,按船长口令统一行动,按顺序逐一跟随前面桨手的划桨动作,不应抢先入水。

10.两舷划桨动作不一致

主要是两舷桨手的观察及跟随不到位造成的。

纠正方法:强调左舷领桨手必须随时观察和跟随右舷领桨手的划桨节奏划桨,保持动作协调一致。

(四)划桨的技术指标

1.划距

划距是指每划一桨船移动的距离,即全程距离除以该船所划的桨数。例如舢板比赛全程为2000米,某船共划了250桨,说明其每桨的划距为8米。划距反映了桨手划水的效果,与运动员的划幅、桨频等因素有关。初学者应强调划距,从每桨的划水效果检验划桨技术。

2.划桨周期

划桨周期是指每次划桨动作的全过程。舢板运动的划桨周期由桨叶入水、桨划水、桨叶出水、回桨组成。从桨手的动作来说,即提桨、拉桨、按转桨、推桨。整个划桨周期是连贯而不间断的。如果以40桨/min计算,每一桨的周期时间约为1.5s。

3.划桨节奏

划桨节奏是指一个划桨周期内部各阶段速度和力量的比例。在一个划桨周期中,通常要求拉桨快而回桨慢,拉桨用力而回桨时放松。例如,假定40桨/min,则每一桨的周期为1.5s。划桨节奏要求拉桨用0.5~0.6s,而回桨要用0.9~1s。划桨节奏是桨手技术是否合理的标志。

4.桨频

桨频指单位时间内的划桨次数,即全程所划的桨数除以成绩(全程所耗时间)。从生物力学观点看,船速是由划桨频率和划距决定的。这两个变量又受到技术和器材等方面的影响。因此提高船速主要从划距和桨频两个方面入手。但是桨频不可能无限地增加,更不能为了增加桨频而降低划水的效果。在训练中不同的桨频往往可以反映出不同的训练强度。

第三节 舢板运动的竞赛规则及相关赛事

一、舢板运动的竞赛规则

舢板运动有着很深厚的群众基础。特别是沿海城市,民间舢板赛事层出不穷。舢板作为海军军事五项之一,历来是各海军军事院校传统竞技项目之一。为了推动此项目的发展,了解其竞赛规格是非常必要的。

(一)基本原则

1. 安全

(1)对处于危险中的船舶或人员的援救

每条船或参赛选手应对处在危险中的人员或船舶给予尽可能的援救。

(2)救生装备和个人漂浮装备

每条船应为船上所有的人员携带足够的救生装备,包括一件应急使用的装备。

2. 公平航行

参赛船舶都应按照公平竞赛和体育道德公认的原则进行比赛,且只有在明显被确定违背了这些原则时方可因规则受到惩罚。

3. 接受规则

凡参加按竞赛规则举办的比赛,每个参赛者都应遵守规则;参赛者应以接受惩罚,接受依据规则中的上诉和检查程序所采取的行动作为按规则对任一事件的最终决定;尊重所有按照规则作出的决定,不诉诸任何法庭或仲裁委员会。

4. 参赛的决定

只有参赛选手自己可以决定是否参加或继续比赛。

(二)竞赛文件

竞赛文件包括竞赛通知、竞赛规则、竞赛航行细则。

(三)舢板比赛规则

1. 确立比赛项目

如12桨舢板7000m划桨绕标赛、2000m竞速赛等。

2. 比赛舢板和参赛队组成

规定比赛舢板要求及参赛队人员构成。

3. 比赛起终点、路线和道次的确定

确定起点和终点;

确定转折浮标数量及位置;

确定比赛道次(一般在赛前抽签决定);

确定道次标志。在比赛起点有明显的道次标示。起航时要求舢板按照各自的出发道次就位,听令出发。

4. 比赛轮次

不同的比赛设置不同的比赛轮次。

5. 起航程序

正式比赛,起航采用 3min 倒计时程序。

距离出发倒计时 3min 时,裁判在对讲机中宣布"离出发还有 3min",各队按道次进入出发点,由裁判员通过 2~5m(各队长度相同)长牵固绳索使舢板位于出发位置。

当离出发倒计时 1 分钟时,裁判在对讲机中宣布"离出发还有 1 分钟",各队应该最后调整好出发位置,准备出发。出发前,桨叶都应保持在水面以上状态。

裁判在对讲机中数倒计时"30s、20s、10s、9、8、7、6、5、4、3、2、1、出发",鸣一长声汽笛,比赛开始。

6. 抢航及处罚规则

如果发现有舢板抢航,裁判将根据情况(实况录像资料)给予 15~60s 加时处罚或召回重新起航。

7. 划行阶段规则

(1) 直线划行阶段

参赛舢板出发后要保持直线划行,直至听到连续短声汽笛后(行驶过游轮码头西端线后),才能进入自选航线划行阶段。各队不得为抢占有利航线而影响其他队直线划行。经裁判警告无效的参赛队将处以 30s 的加时处罚;情节严重或不听裁判警告者将视情况加倍加时处罚,直至直接取消比赛资格。

(2) 自选航线划行阶段

听到连续短声汽笛后,就进入自选航线划行阶段,各舢板可以自行选择航线进行绕标划行。但在改变划行航线过程中不得妨碍其他队的正常划行,否则将处以 30s 的加时处罚;情节严重或不听裁判警告者将视情况加倍加时处罚,直至直接取消比赛资格。

8. 超越

在自选划行阶段,某舢板如要超越其他舢板,超越舢板要保证其桨叶距离被超越舢板的桨叶最近不得小于 3m;被超越舢板不得故意改变航向阻碍超越舢板超越;超越舢板尾部距离被超越船首 5m 以上时,方可向被超越舢板的航线上变向,实现超越,否则将处以 30s 的加时处罚;情节严重或不听裁判警告者将视情况加倍加时处罚,直至直接取消比赛资格。

9. 绕标

绕标时舢板的任何部位(包括船体、桨及船上的人员)都不能触及标志,否则将被处以 30s 的加时处罚。

在各队到达距离浮标前 50m 左右的区域时,裁判员通过对讲机通报各队进入该区域的前后顺序(即绕标次序)。各队必须按照此顺序依次鱼贯绕标。凡是发生桨叶或船体接触的船队,绕标次序在后的船队将处以 30s 的加时处罚,情节严重或不听裁判警告者将视情况加倍加时处罚,直至直接取消比赛资格。

10. 比赛成绩

舢板比赛采用计时方法决定最终成绩。每条舢板的船首通过终点线的时候,终点裁判员用计时器记录各队完成赛程用时,并鸣一短声汽笛表示该船完成赛程。

比赛道次加时办法:以出发时最北端的第一道次为基准,第二至第八道次的各队比赛用时将分别增加 10s、20s……70s。

各队最终比赛用时,是以完成赛程用时与道次加时和被处罚的追加时间相加的总时间。各队排定名次,用时少的队名次在前。

如有争议,将参考比赛录像进行裁决。总裁判长拥有最终裁决权。

(四)竞赛器材

舢板运动的竞赛器材包括船舶、浮标、锚和锚绳、布标设备、通信设备等。

(五)竞赛人员及岗位安排

舢板比赛中的竞赛人员包括组委会成员、运动员、观看人员、岗位人员。其中,岗位人员包括起点裁判、起点左侧裁判、1标裁判、2标裁判、3标裁判、终点裁判、成绩计时裁判、仲裁等。

(六)竞赛要求

舢板比赛的竞赛要求是:精益求精,与时俱进,公平、公正、准确、认真、严肃。

二、舢板运动的相关赛事

(一)青岛市高校舢板赛

青岛市高校舢板赛始于2009年,每年7月、8月比赛,已持续3届。是青岛市在成功协办2008年奥帆赛后,为打造"帆船之都",拉动青岛市城市体育发展而努力打造的高校间的重要赛事之一,并力争将其打造成像牛津大学、剑桥大学皮划艇对抗赛式的划船比赛,成为青岛市高校间的传统比赛项目。

青岛市高校舢板赛吸引了包括中国海洋大学、青岛大学、青岛理工大学、青岛科技大学、海军潜艇学院、海军航空工程学院、青岛海运学院、青岛远洋船员职业学院在内的8所驻青高校的积极参与。比赛全程7000m。由奥帆中心码头出发,途径太平角、第三海水浴场、音乐广场、五四广场,最后返回奥帆码头(见图4-3-1)。

图4-3-1 青岛高校舢板赛航线图

比赛设有3个绕标处,分别位于太平角、三浴及音乐广场。比赛的最后名次按照既定规则和到达终点的时间确定。

此项比赛用舢板是由竞赛组委会统一提供给参赛队伍的,为玻璃钢制12桨舢板。长9m,宽2.6m。每队参赛队员由12名桨手和1名舵手组成。

比赛时,由各队抽签决定赛道,起点至灯塔处不得乱道,通过灯塔可以自行变道。在绕标时,要求外侧右舷绕标。比赛设金、银、铜奖,分设奖牌和奖金。

(二)多国海军舢板赛

2009年4月21日,为庆祝中国海军成立60周年,来自巴西、巴基斯坦、印度、新西兰等13个国家的海军官兵齐聚青岛市奥帆中心,进行了一场别开生面的海军舢板比赛。

舢板荡桨是海军必须掌握的军事五项之一,最能体现队员们的合作精神和团队意识。比赛用舢板为12桨舢板船,每队参赛队员由12名桨手和1名舵手组成。比赛分为两组,一组7支队伍,一组6支队伍,以比赛用时确定名次。最终中国海军406艇队获得冠军,亚军和季军分别是印度队和新西兰队。

第四节 舢板的日常保养

舢板船经过长时间的使用,会在船底附着大量的海洋生物。尤其是到了夏季,随着海水温度的升高,附着的海洋生物的繁殖力大大增强,船又日夜停靠在码头,长此以往聚集在船底的海洋生物越来越多,阻力大大增加,影响船的行进速度(见图4-4-1)。因此,日常的维护保养是非常重要的。

图4-4-1 清船底

舢板船只虽不能像大型船舶一样做到日保养,月保养及年度检修,但也要在日常的训练比赛时制定严格的保养计划并遵照实施。舢板船的日常维护要遵循安全第一、预防为主、养修并重、勤俭节约的原则。

一、日常保养项目

(一)按时排水

要及时排除舢板船舱内积聚的雨水及海水,保持船舱内干净整洁。特别是船底花格板及座位处,不能留有杂物和积水。

(二)保证舢板船的属具各归其位

日常训练完毕后,要将各属具,包括桨、舵桨、挽篙、带缆、锚及锚缆按照规定放置在指定的位置。

(三) 经常更换桨护皮

日常训练用桨的频率很高,桨杆与桨叉接触部位的桨护皮极易磨损,应及时更换,以保护桨杆。

(四) 备足救生衣

舢板船上应常备足够数量的救生衣,并定期清洗、检查。

二、船底保养

如上所述,舢板船在使用过一段时间后,船底会积聚大量的海洋生物,增加船的阻力,影响行进速度,需要定期对船底进行保养。保养的周期大概是 2 个月。特别是比赛前夕,一定要清理船底,以免影响比赛成绩。

(一) 去除船底附着物

在做舢板的船底保养时,可将舢板船吊起或由船员下潜至船底清理。其中,前者较为安全彻底,为日常最常用的方式如图 4-4-2 所示。

图 4-4-2　起吊船

在清理船底海洋生物时,一般需要经过刮除、打磨、上蜡、涂漆。先要用铁铲、凿子等工具将附着在船底的大量海洋生物仔细刮除,再用砂纸打磨平整,涂以黄油。有时,这种做法还不够,还需要在船底涂漆。涂漆前需要用好的纱布打磨整个表面,以暴露出那些压缩在胶层上的小孔。这些部分必须使用装填物并集中打磨。可以使用标准的橡胶填充物或多元酯填充物。在打磨整个表面以后,用诸如次甲基氯化物等液体冲洗,以除掉一些杂物和污染物。在这之后整个涂漆区域还应该用清洁的水冲洗一遍。当这些初步工作完成后,使用喷洒枪或刷子将漆涂到表面。如果是用手涂漆,使用刷子或短毛的卷轴,要光滑迅速。可以用扁平的约 10cm 宽的刷子。

(二) 船底凝胶层损坏的修理

先按照上述方法打磨并清洁损坏区域,使用相同颜色的凝胶填充物或聚酯填充物且带有瓷釉涂到整个区域。如果使用的是凝胶填充物,需要用优质的水纱布打磨出光泽。这种方法可以用来除去皱折、疤痕或裂缝。

(三) 薄板层表面损坏的修理

以一定距离的弧形打磨损坏部分,直到确定已经除去所有损坏的薄板。工具可用小刀和粗糙的砂纸,但注意不要破坏未损坏的部分。然后将带有玻璃纤维的薄板切成合适的尺寸并且用修船的多元酯使其潮湿再添加硬化剂。反复进行这种操作直到做出需要厚度的板层。当薄板晒干时,打磨光滑并且用适合的凝胶填充物或聚酯填充物按照上述所描述的方法去做即可。

总之,舢板船的使用与维护要相辅相成。只使用不维护,势必影响训练效果,缩短船舶寿命;只维护不使用,也得不到好的训练效果。只有在训练使用的过程中按时养护,才能提高船的效能,更好地征战在赛场之上。

第五节 舢板运动损伤的预防和处理

舢板运动的力量训练既会发展肌肉、韧带和关节的力量,也会加重它们的负荷,引起疲劳和过度疲劳,甚至导致伤害事故。

一般来说,引起受伤的原因有:准备活动不充分、走过场,身体和心理素质等训练不足,训练和比赛活动安排不当,竞技状态不佳,身体疲劳,体力下降,场地器材和气候条件的改变等。

舢板运动日常训练中的力量训练受伤部位集中在膝部、腰部和肩部(占总数的50%以上),其次是手和脚(占总数的15%左右)。按受伤的性质来看,依次是肌肉筋膜损伤、韧带和关节囊损伤、肌腱和肌鞘损伤、髌骨软骨病、疲劳性骨膜炎等。

一、舢板训练经常出现的损伤

(一)髌骨劳损

这是因为承受的拉力太大,发生局部性缺血,甚至髌骨软化所造成的。一般采用热敷、半蹲静力和马步站桩即可治疗。每天练习3组,静力每组1~2min,中间休息3min。治疗期间最好不要再从事其他运动。

(二)膝关节急性损伤

这是由突然的碰撞、急剧的强力扭转、过分的外旋外展和内收内展引起的。除正常治疗外,宜加强大腿后群肌的力量。可采用动作缓慢的斜蹲练习(在前脚掌垫一块木板,腰系皮带牵拉身体后倾下蹲。因对膝压力减小,不会刺激受伤肌群。每天坚持3组,每组10~15次)和半蹲静力练习。

(三)腰部扭伤和劳损

这是由于身体负担过大,强行用力,脊椎过度前屈、突然转体及技术动作错误造成的。身材高大者腰、腹力量较差也易导致此类伤损。应加强腰、腹力量训练,以小重量、多次数的方法练习腰、腹部肌肉。建议每次训练之后再做3组俯卧挺身练习,每组10~15次。常年坚持,必有成效。

(四)肩轴损伤

有些舢板运动的动作技术要求肩关节反复完成超常范围的动作,使骨骼、韧带不断摩擦,肌肉反复牵拉,易导致肌腱、滑囊发生劳损。如舢板运动中的转肩常会引起肩轴损伤。伤后恢复训练时,注意安排发展肩带肌的肌肉练习,如用皮条、弹簧拉力器做拉伸练习、转动肩带的动作等。

(五)手心起茧

这是由于手掌与桨柄不断摩擦所致。要避免此类后果,就要求运动员在训练时佩戴专业手套,训练后勤洗手,让手干净干燥,或练习后涂抹水杨酸软膏等药物。

二、避免力量训练中的不当安排

大强度的力量训练往往集中在少数肌肉群。尤其是片面追求专项力量训练,往往会引起肌肉群间相反功能力量平衡的转移,结果是:增强了主动肌,削弱了对抗肌;刺激了大肌肉,忽视了小肌肉;强化了伸肌,淡化了屈肌。在训练中应根据劣势原则,专门安排薄弱环节(如对抗肌、小肌群、屈肌)的训练,使劣势环节、薄弱部位得到加强,才能提高训练质量,避免受伤。此外,还要注意两侧肢体肌肉力量发展不平衡的问题。实践中常常出现一侧肢体力量大于另一侧肢体力量的现象,应适当加强弱侧肢体的力量,补偿其训练不足。

除注意以上各要点之外,还要注意加强受伤部位关节稳定性、肌力和本体感受器等的训练(如膝关节受伤后要加强大腿前后群肌的训练),尽量避免完全停止训练,做到创伤局部休息,而全身其他部位保持训练,以维持良好的身体素质,避免出现停训综合症。力量训练后要做各种柔韧性练习,安排各种恢复手段,强调运动中的保护和帮助。

三、力量训练与肌肉疼痛

舢板运动需要高强度的力量训练,而参加力量训练的人往往会出现肌肉疼痛的现象,应该引起大家的普遍关注。通常,在训练后的几小时或几天内会出现肌肉疼痛。导致疼痛的原因是由于肌肉组织拉伤、在酸痛组织中体液滞留的渗透压的变化、肌肉痉挛,以及训练的结缔组织过度伸长(如退让性练习时较明显拉伸肌肉)等,肌肉疼痛是损伤的信号,感到疼痛后应中断或变换训练内容。

肌肉的疼痛是肌肉生物化学变化的信号,有时伴随有肌肉肿胀感,是乳酸堆积的缘故。受压液从血浆进入细胞组织也会引起疼痛。严格来说,肌肉疼痛多半在训练开始或训练后 $12\sim14h$ 内出现,通常称之为肌肉发硬。这是机体对过大负荷准备不足或肌肉缺血所致。有的学者认为这是肌原纤维频繁受伤而引起的。有的学者认为,强大的离心肌肉收缩会使肌肉疼痛,静力或等动练习之后也有疼痛感觉,但无肌肉发硬,调整训练后疼痛就会自然消失。此外,吃营养丰富的食物和加强相应的重建措施,会很快消除肌肉疼痛现象。因此,大家对肌肉疼痛也不必过于焦虑。

四、避免损伤的注意事项

每次训练前都要进行充分的准备活动,使肌肉发热有弹性;
完成每一个动作都高度集中注意力;
认真学习正确的技术动作,逐步提高负荷量;
学会正确的呼吸方法,避免过分憋气;
提铃时,以挺胸、别腰技术完成动作,以防弓腰受伤;
初期练习时应慎重加量,以便使身体各部位适应不断改变的负荷,尤其要加强对抗肌、小肌群、屈肌群的补偿训练;
当肌肉出现疼痛、变硬时,应注意调整负荷;
注意个人卫生,预防损伤事故发生;
训练后要采取各种各样快速恢复的重建措施;
注意检查器材安全,器材安放有序,遵守纪律,注意安全。

Part 5

模块五 帆船运动

帆船运动是水上运动项目之一。帆船比赛是运动员依靠自然风力作用于船帆上、驾驶帆船在规定的场地内比赛速度的一项运动。该项运动集竞技、娱乐、观赏、探险于一体,深受人们喜爱。现代帆船运动已经成为世界上的沿海国家和地区最为普及活动之一,也是各国人民进行体育文化交流的重要内容。经常从事帆船运动,能增强体质、锻炼意志。特别是在海浪、气象、水文条件的不断变化中,迎风斗浪,能培养战胜自然、挑战自我的拼搏精神。

第一节 帆船运动的起源与发展

帆船是人类同大自然做斗争的一个见证,帆船的历史同人类文明史一样悠久。据考证,早在公元前3000多年前人类就用自己的智慧发明了帆船。在埃及,人们发现了5000年前帆船图案,它们被绘制在陶罐上。图案上的帆船前端凸出向上弯曲,前部有一个小的方帆。但是,这种帆船只能顺风行驶,对于其他方向的风就无能为力了(如图5-1-1所示)。

图 5-1-1 远古帆船

帆船运动起源于欧洲,可以追溯到远古时代。帆船作为一种比赛项目,最早的文字记载见于1900多年以前古罗马诗人维吉尔的作品中。到了13世纪,威尼斯开始定期举行帆船比赛,但当时比赛船舶没有统一的规格和级别。现代帆船运动起源于荷兰。荷兰地势很低,开凿了很多运河,人们普遍使用小帆船作为交通工具或用以捕鱼。这种小船由独木或用木排、竹排(见图 5-1-2)制成,是世界上最早的帆船。

1662 年,英国与荷兰在英国举办了一次帆船比赛,比赛路线为格林尼治—格来乌散德—格林尼治。

1720 年前后,英国、美国、瑞典、德国、法国、俄罗斯等国家先后成立了帆船俱乐部或帆船竞赛协会,各国之间经常进行大规模的帆船比赛。如 1870 年美国和英国举行了第一届著名的横渡大西洋"美洲杯"帆船比赛。

图 5-1-2 原始的木筏

1906 年,英国的 B·史密斯和西斯克·史坦尔专程到欧美各国与当地帆船界领导人商谈国际帆船的比赛级别和规则,并提议创立国际帆船联合会。1907 年,世界第一个国际性帆船组织——国际帆船联合会正式成立,总部设在英国伦敦。国际帆联全称 International Sailing Federation,简称"ISAF"。目前 ISAF 是世界上最大的单项体育联合会之一,现有 122 个会员国(或地区),管辖了 81 个帆船级别。ISAF 下面设有国际残疾人帆船运动联合会(IFDS),专门负责残疾人帆船运动的管理。

1896 年,第一届奥运会就把帆船列为正式比赛项目,但由于天气情况恶劣未能举行。1900 年第二届奥运会在法国巴黎举行,帆船运动共进行 7 个级别的比赛。以后,除在美国圣路易斯举行的第三届奥运会没有帆船比赛,其余的历届奥运会都有。

从 1908 年第四届奥运会起,开始按艇身长度进行分级。第九届奥运会以后,以重量或长度分型,如 0.5t 以下级、0.5～1t 以下级、12m 型、8m 型等。早期奥运会比赛船型不固定。而现在的比赛已经按照级别严格区分,重量和尺寸都相似的船归入同一比赛级别。随着比赛级别不断变化,船艇不断改进,玻璃钢的问世,船艇的造价降低,工艺水平提高,轻巧而小型的帆船逐渐替代了老式帆船。在奥运会规定的比赛级别里,小型帆船逐步取代大型帆船。1976 年,在第二十一届奥运会上,6 个级别比赛全部改成船体较轻小的帆船。比赛级别最多的是第二十五届巴塞罗那奥运会,男女共设 10 个级别。

第二节 了解帆船

要想驾轻就熟地驾驶帆船,从事这一动动,首先应对帆船的专门术语有所了解。本节重点介绍帆船的一些基本知识。

一、运动帆船的分类

世界上帆船种类繁多,且不断发展创新。目前,国际帆联将各种运动帆船划分为三类:

1.多体型

船体由两个或两个以上的船身联结在一起组成。其船上设备基本同稳向板型(图5-2-1)。

2.龙骨型

该类帆船包括5.5~22m长短不等的船型。龙骨体的中下部突出一块铁砣或船砣,用以稳定船体,减少船体横移。铅砣面积与船体大小和帆面积相关,有1~1.8m长,固定在船体中央。这类帆船少则由2~3人操纵,多则由15人或更多人操纵(图5-2-2)。

3.稳向板型

在船体中部有个突出的槽,安放稳向板。稳向板根据需要可以上下移动,减少船体横移。最大的船体长6m,由1~2人操纵。这类船轻而快,设备较简单,易于开展活动(图5-2-3)。

图5-2-1 多体型帆船(托纳多级)　　图5-2-2 龙骨型帆船(星级)　　图5-2-3 稳向板型帆船(激光级)

二、船体

帆船的船体分两种类型:单体船和多体船。单体船有唯一的船身(图5-2-4)。多体船有两个船身(图5-2-1)的称双体帆船,有者三个船身的称三体帆船(图5-2-5)。一般来说,多体船比单体船航行速度更快一些(这主要取决于帆的面积。有些多体帆船为了安全,特别将帆的面积缩小)。

图5-2-4 单体帆船(欧洲级)　　　　图5-2-5 三体帆船

帆船船体的前端是船艏,通常是尖的。然而小于10ft长的帆船会有一个方形的船艏,比如OP级的帆船(图5-2-6),像一把被摆正的弓,是年龄小于15岁的少年儿童学习用的帆船(见图5-2-7)。船体后端称船尾,是比船艏宽大且有一个平而垂直的面,叫作船尾肋板。

从帆船尾部看,左边的船舷称为左舷,右边的船舷称为右舷。为了方便初学者,经常会在帆船左舷的显著位置贴上红色标志,右舷的显著位置贴上绿色标志(见图5-2-8)。

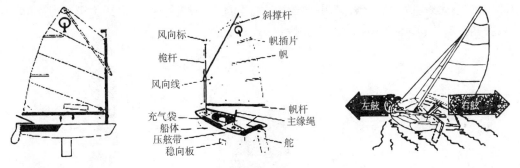

图5-2-6 OP帆船　　　图5-2-7 OP帆船主要部件图　　　图5-2-8 帆船的左舷与右舷示意

当帆船漂浮时,它的自身重量等于它排开水的重量,因此,帆船的重量又称作排水量。水与船体的接触线被称作吃水线,一般有明显的标志。为了防止帆船被风吹离航线,多数的帆船船体都配备有龙骨(或者称稳向板)。稳向板有两种类型:一种是可以通过枢轴升起或降下(英文名称为"centerboard");一种是可以从稳向板槽中抽起或者下插(英文名称为"daggerboard")。稳向板是固定的,并且具有一定重量,可以作为压舱物平衡风的偏移推力。在具有稳向板的帆船上,舵手可以利用体重作为平衡船体的压仓物,并可以用船舵保持和改变航向(通过操纵舵柄和副舵柄掌握航行方向,帆船的实际航行方向与推拉舵柄的方向相反)。

帆船各部位名称见图5-2-9。

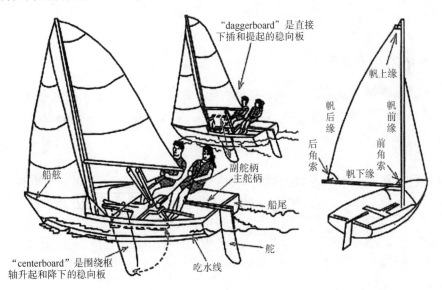

图5-2-9 帆船各部位名称

三、帆船器材

帆船船体之上的器材主要包括帆、桅杆和索具。多帆单桅帆船比较常见,一般包括主帆和前三角形帆。桅杆起到支持船帆的作用。部分小帆船不需要支持桅杆的索具,而多数帆船需要索具。桅杆与船体的连接索称为支桅索。桅杆与船艏的连接索称为前桅支索,桅杆与船尾的连接索称为后桅支索。用来操作帆的索具称为操为索具,包括主缭绳、后角索、前角索及斜拉器等(图5-2-10)。

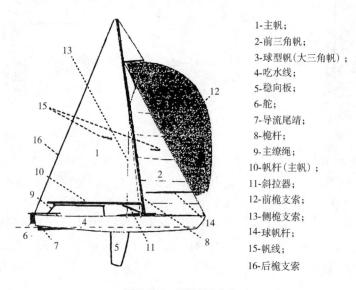

1-主帆;
2-前三角帆;
3-球型帆(大三角帆);
4-吃水线;
5-稳向板;
6-舵;
7-导流尾靖;
8-桅杆;
9-主缭绳;
10-帆杆(主帆);
11-斜拉器;
12-前桅支索;
13-侧桅支索;
14-球帆杆;
15-帆线;
16-后桅支索

图 5-2-10 帆船部件名称

第三节 风力和风向

一、对风的初步认识

海上的风是经常变化的,有时风小得使人无法察觉,有时则会大到使操纵帆船的人在航行中必须频繁地对帆做出调整和控制。航海的部分乐趣就在于时刻准备对风向的变化做出反应,迎接其挑战。

(一) 风向

出海航行必须了解风的方向。怎样才能知道风的方向呢?一般是就地取材,原地转一圈,用脸、手和脖子感觉一下风;向外看水面,注意水面上的波浪或波浪上的风纹,风一般是从与波浪上风纹波峰连线的垂直线方向吹过来的。或者,站在岸边看四周的旗子、烟柱、树、风向标和自由飘动的帆判断风向(见图5-3-1)。切忌不要用其他航速很快船上的旗子判断风向,因为这些船上的旗子飘扬的方向并不完全是真风(自然界中的风又称为"真风")的方向。

(二) 罗盘定风向

风向是指风吹来的方向。风的方向可以用北、东、南和西表示,或用罗盘上的刻度数0°、90°、180°和270°等表示。如果风是从东面吹过来的,就表示帆船正航行在东风中或风向是90°。如果船上有一个罗盘,通过把船头顶风,读出罗盘上的刻度数,就能确定风的方向(见图5-3-2)。

图 5-3-1 出航前察看风向和风力

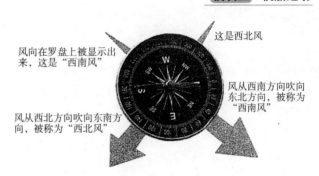

图 5-3-2 罗盘

(三) 风力、浪高

风力、浪高对照见表 5-3-1。为了安全,对于帆船运动的初学者来说,五级以上的风力就不应该再下水航行。

风力级别、浪高对照表　　　　　　　　　　　　　　　表 5-3-1

风级	名称	风速(m/s)	陆地现象	海面波浪	浪高(m)
0	无风	0.0~0.2	烟直上	平静	0.0
1	软风	0.3~1.5	烟示风向	微波峰无飞沫	0.1
2	轻风	1.6~3.3	感觉有风	小波峰末破碎	0.2
3	微风	3.4~5.4	旌旗展开	小波峰顶破裂	0.6
4	和风	5.5~7.9	吹起尘土	小浪白沫波峰	1.0
5	劲风	8.0~10.7	小树摇摆	中浪折沫峰群	2.0
6	强风	10.8~13.8	电线有声	大浪倒个飞沫	3.0
7	疾风	13.9~17.1	步行困难	破峰白沫成条	4.0
8	大风	17.2~20.7	折毁树枝	浪长高有浪花	5.5
9	烈风	20.8~24.4	小损房屋	浪峰倒卷	7.0
10	狂风	24.5~28.4	拔起树木	海浪翻滚咆哮	9.0
11	暴风	28.5~32.6	损毁普遍	波峰全呈白沫	11.5
12	飓风	32.7 以上	摧毁巨大	海浪滔天	14.0

二、阵风和静风

海上的风速在短时间内突然变化的风称为阵风或静风。阵风是指风速在短时间内突然增大的风。静风是指风速在短时间内突然下降的风,有时被称为风中的"洞"。阵风经常会使得海水的颜色变暗,如果运动员航行中发现上风方向有一块颜色发暗的海水,表示阵风就要来临了。通常静风要比阵风难观察一些,静风区域的海水颜色要比周围海水颜色要亮一些。在航海中要经常注意观察阵风和静风。

在描述风的力量和速度中,经常用到航海术语"节"(kn)。其换算的公式为:1kn = 1.15ft/h。

三、帆船航行中的风

了解航行中帆船与风的相互作用,是搞清楚帆船航行状态的必要前提。如果帆船停止不动,在船上感觉到的风速、风向和在岸边感觉到风速、风向应该是一致的。但当帆船运动的时候,风将会变大或变小,这种变化取决于帆船航行的方向。利用从船尾方向吹来的风进行顺风航行时,几乎感觉不到风;帆船转弯逆风航行时,就会感觉风力较强。在多体船航行中(前面已提到,多体船航速比单体船航速更快),这种风的变化效果对比会更加强烈。对此,教练员经常用骑自行车的例子做对比。骑在自行车上以20km/h的速度前进,即使在这一时刻根本就没有刮风,也会感到从前面吹来的强风。在海上如果实际的风是以20km/h的速度从身后吹过来,可能感觉不到风。如果真风是从前面以10km/h的速度吹过来,那么感觉到的风速是30km/h。如果真风是从侧面垂直地刮过来,感觉到的风就是前进动作产生的风和真风的混合物,这个混合物叫做"相对风"(见图5-3-3)。"相对风"这个术语可以用来描述在航行中感觉到的风(航行中帆的调整要朝着相对风的风向)。

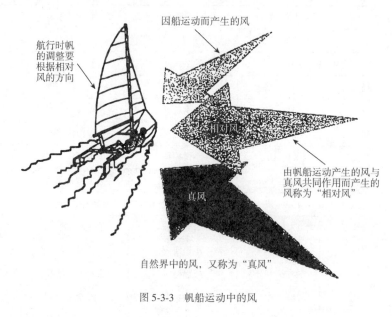

图 5-3-3　帆船运动中的风

第四节　帆的工作原理

风在推动帆船前进的过程中,相互作用的方式有很多种。其中的一种方式是帆通过风"弯曲"产生提升力,这种提升力的分力实际上牵拉帆船向前运动。另一种方式是,帆通过挡风推动帆船向前运动。这种牵拉和推动是帆的工作所运用的两种基本原理。

一、牵拉和推动

现代帆船上的帆被设计成遇风就会成曲面的形状。这种曲面的形状在风通过帆时弯曲变形,产生一个提升力。这种提升力就是帆船的动力。提升力会使帆船向前和向侧面运动。

稳向板和舵都会阻止帆船向侧面运动,所以大部分帆的升力都转化成了帆船向前运动的动力(见图 5-4-1)。除了这种情形外,其他的时候帆仅仅是兜住风,这样风会推动帆船向前行。顺风航行(又称尾风航行,见图 5-4-2)时,风的推动就是这种情况。

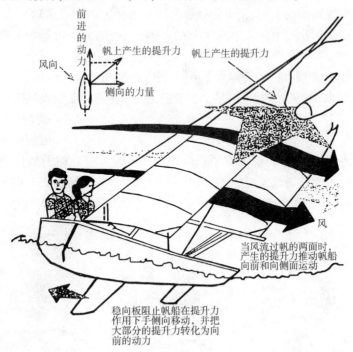

图 5-4-1　帆上产生的提升力

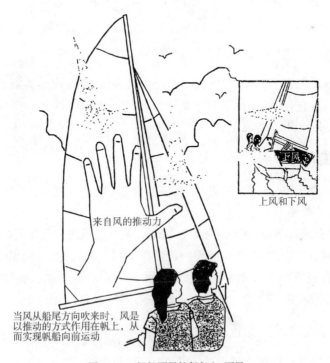

图 5-4-2　帆船顺风航行与上、下风

二、上风和下风

为了更好地了解牵拉–推动的原理,首先要知道什么是"上风"和"下风"。

上风是指朝向风吹来的方向,下风是指远离风吹来的方向。

帆船的上风边是指帆船上首先被风吹到的一侧,帆船的下风边是指帆船上最后被风吹到的一侧。

帆船顺风航行时,帆所在的一边称为下风边,另一边称为上风边。上风和下风可以很好地表达帆船的两边风向,如"请驶向上风边","让我们驶向那条船的下风边"等(见图5-4-2)。

三、控制帆产生的力量

帆船上的帆能产生提升力,船就有了速度。通过改变空气在帆上的流动可达到控制船速的目的。当空气平滑顺畅地通过帆的上风面和下风面时,帆就会产生最大的提升力。如果空气流动被扰乱,帆上就会产生较少的力量,船速就会下降(见图5-4-3)。

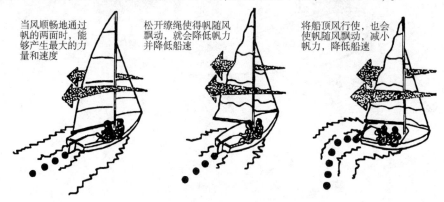

图5-4-3 控制帆上的力量

当帆像旗子一样在空中飘动时,不会产生任何力量,这种情况称为飘帆或正顶风。顶风行驶是航行的一部分,可用来降低船的速度或停住船。顶风时的帆在2级风中也能制造大量"噼啪"的噪声,不必担心,这是航海运动中的一个常见现象。

四、最大的提升力

在帆船行驶中,为了获得最大的提升力,需要调整帆与风的最佳角度。为此,需要了解几个相关的术语(见图5-4-4)。

帆船首尾线是指连接船艏与船尾的直线;帆弦线是指前帆边与后帆边之间的连线;风向线是指自然风的方向线。风向角是指风向线与帆船首尾线之间的夹角;帆角是指帆弦线与帆船首尾线之间的夹角;迎角是指风向线与帆弦线之间的夹角。一般来说,风向角=帆角+迎角。

帆角的角度是风向角角度的一半时帆上产生的力量最大。

五、调整帆与风的最佳角度

调整帆与风的最佳角度有两种方法。

一是根据风向角,用缭绳改变帆的角度,这叫帆的调整。

二是改变帆船的航向,也会改变风与帆的角度。

收紧或松开主缭绳、前帆缭绳叫作缭绳调节,收帆伴随着拉紧缭绳,松帆伴随着放开缭绳。为了最大速度地调整缭绳,帆要和风保持一个几乎恒定不变的角度,而这种角度的保持要靠调帆或掌舵控制。

六、应用帆线

帆线常用来"显示"帆上流过的气流。帆线是用轻盈的毛料制作或其他易被风吹动的轻质材料制成的,一般放置在前帆的1/3处和主帆中心的附近。还可以在帆的后缘上也加一条帆线,显示空气离开帆时的流动情况(见图5-4-5)。

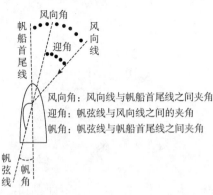

图5-4-4　各种角度示意图　　　图5-4-5　风在帆面上顺畅地流动

帆线显示着空气在帆面上流动时的情况,如平滑顺畅或受到干扰。当帆线的飘动与水面平行时,风在帆面上的流动是顺畅的;当帆线不稳定地上下摆动或大幅度地跳跃时,空气则流动不畅(图5-4-6,图5-4-7)。尽管帆线显示的情况很有帮助,但不要被它牵扯太多的精力,还是要经常观察周围水面上的情况,及时判断风力和风向的变化,此外还要观察其他船的航行情况。

图5-4-6　帆调整的各种状态

当舵柄在船的首尾线上时,试验放开或收紧帆,注意观察帆船加速和减速的情况,然后通过合理利用缭绳调节帆进行航行。慢慢地调舵,逆风行驶或顺风行驶,注意观察船加速和减速的情况。做这种练习可以透彻地理解怎样调节帆和舵控制船速。

调帆时帆两面的空气流动对帆线影响参见(图5-4-7)。

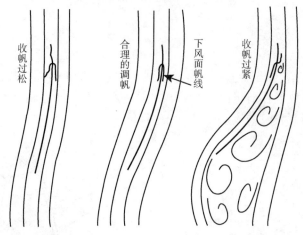

图5-4-7　不同的调帆状态对空气流动的影响

七、帆船附体基础知识

(一)概述

帆船的附体有中部伸出船体底面的稳向板和尾部的舵。其功能不同,但其力学原理是一致的。

帆船上设稳向板,可在运动时使帆产生推动船前进的推进力和力矩,以及垂直于前进方向的横向力和力矩。

操帆的技巧就是使帆在一定的气象条件下具有最大的推进力,从而使船具有最快的速度。除顺风条件外,产生的横向力会使船横向漂移和横倾,如帆未调整好还会有转首力矩。这个横向力随航向变化也会发生变化,其中:迎风行驶时横向力最大,转向下风时横向力减小。

对行驶的船,横向力有下列情况:①船在迎风行驶时,无法充分地切入上风;②船向下风一侧横移,相对风速降低,会导致船速下降;③船沿横移边前进,底部水流无法顺畅地流过,水下阻力增加,也使船速有所下降;④船在迎风行驶时,由于上述②、③两项原因影响,船速降低,风速减小,进入速度不断降低的恶性循环。

帆船使用了稳向板就可以防止很大一部分横移造成的影响。水下稳向板的主要目的是为了提高切上性能。另外,更重要的是在逢风行驶时,稳向板还会使船加速性能得到提高。

这里要注意的是,切上性能是迎风行驶时需要的一种性能,但不是衡量抢风行驶优劣的标准,因为:

第一,有些帆船速度虽比其他帆船稍慢些,但由于其切上角度好而行驶最短距离到达目标。

第二,有些船的切上角度虽然不太好,但其速度较快,可以速度取胜。

迎风性能是帆船需要优先考虑的问题。帆船在航行中需要随时调整桅杆和帆以改善切上性能,所以必须设置稳向板和舵。

(二)作用于稳向板上的总水压力

稳向板在水中的工作原理就如同空气中的飞机机翼,只有在水流(气流)与板(机翼)形成一定攻角(迎角)时才会发挥作用。

稳向板在与来流的垂直位置上,迎来流的一侧面就会产生水的正压力;而与水流成某一角度时,在迎着来流的一侧面上产生正压力,在另一侧面则会同时产生更大的吸力;如果来流与稳向板的中心线平行,水流在稳向板左右面上产生的压力相等,没有压差。

当帆船在风帆的横向作用力下向下风一侧漂移时,运动轨迹就不是原来理想的航迹,而是前进和横向漂移同时作用下的一个新的航行轨迹。这个轨迹的切线方向、速度就是船前进的方向、速度和横向的方向速度的合成。

帆船在航行中,如果在帆上没有横移力,船体不会产生横移,稳向板是不起任何作用的。但有横向力时,无论装上多大的稳向板,也不可能完全防止帆船的横移,仅能使横移量减少,提高切上角度性能。

第五节 帆船的装配

在扬帆起航前,必须安装好帆船的部件。帆船部件的安装是比较容易学的,关键是装配帆船部件过程中用到的绳结,需要我们着重掌握。绳结的好坏直接关系到航行的安全,所以在正式学习装配帆船时,首先要学习打绳结。

一、帆船绳结的打法

帆船绳结的各种打法如图 5-5-1 所示。

打帆船绳结最后一步是将帆船结拉紧。

二、装船

装船分为陆上装配和水中装配两种形式。装配帆船一般需要注意以下两点:

一是将船艏顶风停放。这样可以使帆随风自由飘动,帆上不会产生任何力量,从而避免正式起航前帆船在水中被风吹到一边,或避免帆船在陆地上被风吹倒造成损坏。

二是消除船舱内的积水并关闭排水塞。

(一)陆上装配帆船

陆地上装船的要求分六步:

第一步,船体放在船车上,船头顶风。

第二步,整理桅杆,装帆。帆的安装要根据不同的船型要求而定。

第三步,安装帆杆。帆杆的安装可能会受到风对帆的影响,需要动作迅速。如果条件允许,尽量两个人相互帮助一起操作。

第四步,安装主帆缭绳、前帆缭绳、船尾三角绳和斜拉器。

航海体育 Marine Sports

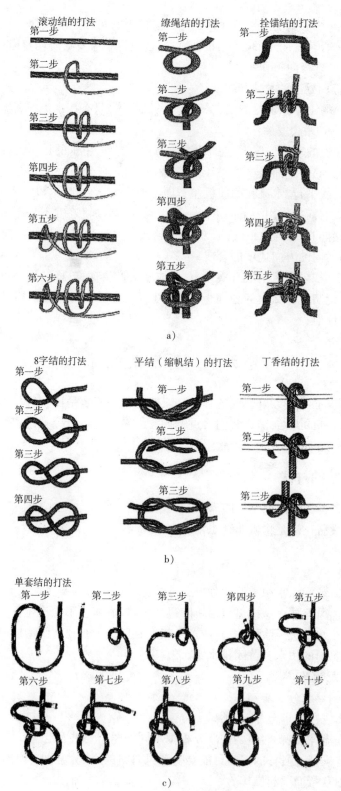

图 5-5-1 帆船绳结的打法

第五步，装舵。安装舵一定要将舵柄从船尾三角绳或船尾滑轮底绳的下面穿过，然后将舵装到船尾的舵座中。完毕后，先将舵叶抬起，防止船车走动时损坏舵叶。另外，用绳子把舵和船体连在一起，以防翻船时丢失舵。用船车拖船下水时，缭绳要松开，使帆不会受风产生力，以免帆船从船车上翻下发生意外事故。一定要等到水足够深时，才能把帆船推入水中，并保持船头顶风（见图5-5-2）。

图5-5-2 拖船下水

第六步，把舵叶按入水中（也可先按下一半，到深水中再按到底，视水深而定），把舵绳系在舵柄的夹绳器上；半插稳向板，到深水中再全部插到底。

（二）水中装配帆船

帆船下水后，应该立刻放下稳向板以防止帆船侧移。同时，安装船舵、舵柄（或副舵柄），让船头顶风。

1.主帆装配

主帆因船型的不同而异，如激光级帆船就需要将桅杆从帆的前缘下插入帆中，然后再将桅杆插入帆船桅座上。从帆袋里取出主帆时，要特别注意不要折叠帆面。最好的方法是先找出主帆的最上缘，用手沿着前帆边向下移动，以确保帆面没有被扭曲。简要地说，主帆的安装过程包括：

将帆后角的帆耳（主帆下角的铁圈）插入帆杆上的沟槽中，并系紧帆后角索；

将帆前角与活连环相连，并系紧帆前角索；

将主帆前帆边与桅杆的滑槽相连，系紧主帆升降索，注意不能扭曲主帆。

2.前帆的安装

前帆的安装方法变化较多，主要包括以下几步：

先将前帆的帆前角与船艏相连；

将前帆边上的扣环与前桅支索相连；

将前帆最上缘扣环与前帆升降索相连，注意不要扭曲前帆；

将前帆的帆后角与前帆缭绳相连。

在主帆和前帆全部连接好以后，检查主缭索、前缭索、斜拉器及前角索的情况，避免帆杆随风摆动。然后拉动前帆升降索，将前帆升起，并在系缆角上固定前帆升降索。随后拉动主帆升降索升起主帆，注意主帆的后帆角能够在桅杆的滑槽中自由移动，拉紧并固定前帆索以及斜拉器。如果帆船系在锚上,通常先升起主帆;如果帆船停泊在码头,一般先升起前帆。

三、卸船

在降帆时,通常先降下主帆。这样可以稳定帆船,并防止帆杆摇摆。当需要收起锚缆绳时,一般先降下前帆。船帆被降下后,就可以拆卸包括船舵在内的器材了。随后做以下三步:

1. 冲洗、干燥并折叠船帆

船帆必须先用淡水仔细冲洗,晾干并沿着帆的直边按照"之"字形仔细折叠,折叠完后放入帆袋中(见图5-5-3)。注意折叠船帆时最好放在草地上叠,不要与硬地面摩擦,以免磨损船帆。

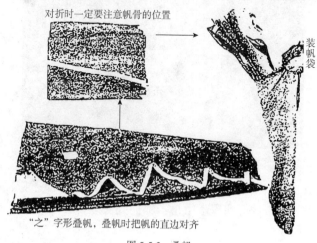

图 5-5-3　叠帆

2. 帆船停靠码头

帆船停靠码头时,要仔细系好绳缆,以防止船体摆动。

3. 搬动帆船

如果需要搬动帆船,要多人配合进行,千万不要一个人蛮干。

四、帆船的存放

帆船一定要避光存放,以便延缓船体的老化速度,有条件的用船罩盖住船体,必要时还须用绳索固定船体,防止大风吹落(见图5-5-4)。

图 5-5-4　帆船的存放

第六节　帆船的操纵

第一次出航的心情是无比激动和迫切的,急切地想体会利用风力在水上操纵帆船美妙的感觉。看到教练员演示利用风和帆启动、停止和操纵帆船,也许会抵受不住亲自操纵船舵和控帆的冲动。但是越是这样越要保持镇静,不要紧张,尽量放松自己,尽情地享受帆船运动过程带来的乐趣吧。

一、登船

登船或下船时,应小步走到船的中央,以免船体过度颠簸。登船时,应牢牢抓住帆船的某个部分,如果有人已经在船上,位置应该在船的中央;稳向板应降低以保持帆船的平衡。第一次航行时,应始终放低稳向板(见图5-6-1)。

图 5-6-1　登船

二、做好出航准备

在帆船运动中掌舵驾驶帆船、控制主缭绳(主帆)并帮助保持船体平衡的人称作舵手。舵手坐在或站在帆杆的对面,面对帆,把船柄放在身体前面。这个位置可以更好地观察帆上的状况,同时也可以观察水面上的风向和波浪;使用副舵柄可以使舵手更好地向船舷外面探出身体,压舷平衡船体。舵手还应该保证船上的每个人都穿着救生衣并遵守安全守则。

缭手帮助平衡帆船,调整帆的方向和角度,观察四周其他的船和障碍物。有时还要坐到船舵中稳向板的位置,以保持帆船在水面上滑行,防止帆船前后颠簸太大。优秀的缭手还要根据帆船的航行情况在船上灵活地移动,使帆船尽量保持平衡。如果帆船还有三角帆,缭手还要随时调整它。如有必要缭手还要调整主帆的斜拉器、前帆角索和收帆索等(见图5-6-2)。

单人驾船,需负责帆、稳向板、船体平衡等所有的工作,开始会有些杂乱无节,但很快就会适应的。

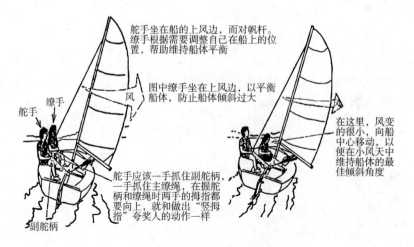

图 5-6-2 舵手与缭手

三、用舵柄控制帆船的运动方向

若想让帆船向某个方向改变航向,只需往相反的方向推舵柄或拉舵柄即可。例如,向左舷改变航向,推舵即可;向右舷改变航向,拉舵即可(见图 5-6-3)。转向风的方向行驶称为向上风航行,转离风的方向行驶称为向下风航行(或顺风航行)。

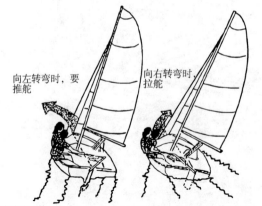

图 5-6-3 改变航向:推舵与拉舵

在水上航行中,舵手应握紧舵柄和主缭绳,并要时刻观察帆上的情况,以及帆船前面波浪和风的情况,同时还要从帆杆下观察来自下风方向的船。

在帆船运动中,虽然舵柄对驾驶帆船比较重要,但是副舵柄可以让舵手能够在压舷带的帮助下把身体探出船舷外更大距离,增大压舷的力矩,利用体重平衡帆船。

四、利用体重驾驶帆船

帆船的航行不仅要利用风力的作用,也可以通过帆和人的体重影响驾驶帆船。试着将舵固定在帆船中线上,首先在将身体探向上风方向,让帆船向上风方向倾斜;然后将身体向船舱里移动,使帆船向下风方向倾斜,来改变帆船运动方向。其所产生的效果如图5-6-4所示。

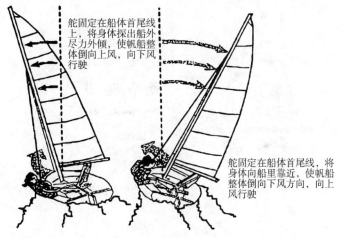

图 5-6-4 利用体重驾驶帆船

五、依靠帆驾驶帆船

可以通过调整主帆或前三角帆,改变帆船的航行方向。松开前三角帆,会使帆船转向上风方向行驶;松开主帆,会使船转向下风方向行驶。此时会发现,在主帆没有松开的情况下,向下风方向行驶就显得非常困难。尤其是在中、大风天中航行时,这种现象尤为明显(见图5-6-5)。

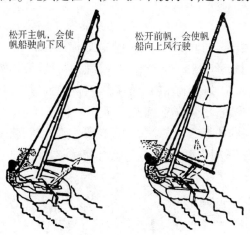

图 5-6-5 依靠帆驾驶帆船

六、平衡

利用平衡的原理,通过操纵帆而不使用舵就可以驾驶帆船航行。帆船的运动是多种力共同作用的结果(见图5-6-6),从力学的角度看是多个分力共同作用下形成的合力。分力作用在帆船上并不都是朝着一个方向,此时作用在主帆和前三角帆上的力牵拉帆船向前方和侧方移动;水作用在稳向板和舵上的力量也会对抗帆船向侧方和移动(在迎风航行中,因为作用在帆上的力量和作用在船体上的力量不是一个共点力,所以两者就会产生一个扭力矩,

航海体育　Marine Sports

使得帆船在不调整舵或帆和情况下会向上风偏转）。

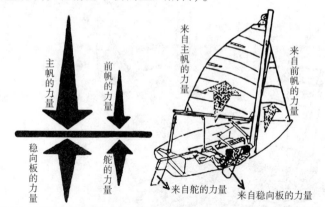

帆上的力量和舵、稳向板的力量达到平衡时，帆船向前行进；力量失衡，帆船将会转弯

图 5-6-6　帆船上的力量

当作用在帆船上的力达到平衡时，帆船将沿直线行驶，否则将会转向。这就是为什么可以通过控制主帆和前三角帆的松紧来驾驶帆船航行的原因。通过这种方式，可以有意识地使帆船改变平衡状态，从而实现帆船达到的目的地。

随着驾船技术水平的提高，可以越来越多地利用平衡原理达到最佳的行驶效果。在此，我们只需要知道平衡原理有助于解释帆船上所出现的一些情况就可以了。

七、安全位置

第一次航行的时候，大部分时间都可能集中在帆船横风（即风从与帆船首尾线垂直的一边吹来）行驶的练习上。这对初学者来说是最基本的驾船航行练习。然后又会尝试各种不同的使帆船转向的方法，停船、起航，以及利用帆上的帆线所反映的信息调整帆船的运动状态等。

当风从帆船的一侧吹来时，松开缭绳，让帆像旗子一样在风中自由飘动，会让帆船慢慢停下来。此时，驾船者和帆船的状态处于安全位置。拉紧缭绳收帆，帆船又会开始航行。再次松帆，帆船会再次停止。经过多次同样的练习之后，就会熟练掌握这种练习的诀窍（见图5-6-7）。

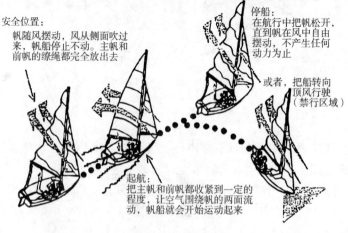

图 5-6-7　安全位置

八、起航与停船

在学习基本航海技术时,先要学会如何起航和停船。起航时,帆船的稳向板必须要插下去(注意:帆船如果是从沙滩或斜坡上下水,稳向板一定要在水足够深的地方放下,否则会损坏板),舵柄应该放在帆船中间的首尾线上,收紧帆让空气顺畅地流过帆的两面,帆船就会开始航行。合理地调整帆并使帆的上风面和下风面的帆线平稳地向后飘动,帆船就会直线向前行驶。

与起航一样,停船有两种方法:第一种是松帆,通过松帆使帆完全顶风,处于自由飘动的状态,让帆船达到安全位置。一旦帆船处于安全位置,就可以替换船员,调整装备,或者仅仅是停下来休息。第二种方式就是掉转船头,让船头直接顶风行驶,这是在码头上停船的常用方法。

九、横风换舷转向

初学帆船驾驶的人,在水上练习的首批技术中有一个技术动作叫"横风换舷",即在横风中换舷做180°转向。在这个过程中,帆船的受风边改变是"一侧横风—正顶风—另一侧横风",具体见图5-6-8所示。不管什么时候,只要把帆船的受风边从一侧通过禁行区域调整到另外一侧就叫作"换舷转向"。而"横风换舷转向"对初学帆船驾驶者来说,是一种最简单且安全的练习。

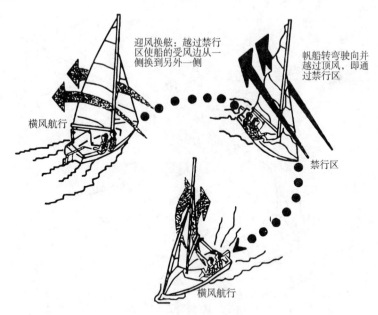

图 5-6-8 帆船横风换舷

第七节 翻船事故的处理

在大风中航行,帆船常会出现倾覆。2008年的奥运会帆船49人级奖牌轮的比赛中,前十名的帆船都出现了翻船的现象。在本节中,将教授如何在最短的时间内以最快的速度把翻船扶正过来。

大多数稳向板型的帆船是自我营救型的,可以使驾船者迅速地把船扶正,继续航行。自救型的帆船本来就具有浮力,可以防止船体倾覆向下沉,并使得船体在倾覆后比较容易扶正(一定要在下水航行前检查好防水塞和空气囊是否塞住和固定好)。

一、帆船倾覆原因及避免方法

(一)翻船的原因

翻船最常见的方式有三种:第一种是帆船朝下风转向,远离风向,帆会顺着风吹的方向倾覆在水面上。第二种方式是船向上风转向,面向来风。这种现象较少出现,但发生时速度会比较快。第三种多发生在多体帆船上,被称为"纵向倾覆",即当船头扎进浪中船体就会直接由后向前翻过来。

帆船倾覆的原因如下:

突发性强阵风或突然风向改变,造成帆受力过大,驾驶者一时不知所措,未能及时有效操纵帆船(见图5-7-1),导致帆船倾覆;

顺风换舷操作不当,帆船失去平衡,帆船倾斜和旋转过大,导致船体倾覆;

舵柄或压舷带断裂,导致帆船失控后倾覆;

推或拉舵的速度过快,或猛然地收、放主帆,导致船体快速转向或倾斜角度改变,引起翻船。

图5-7-1 帆船倾覆的常见原因

(二)避免翻船的方法

避免翻船最主要的方法是:不要将主缭绳放在夹绳器上,在强阵风来临时迅速松帆,降低帆上的力量;利用体重和做出调帆动作对平衡船体来说非常重要,如果船体倾斜太大,无法控制,贸然地调帆或改变在船上的位置也会导致帆船失去平衡,航海中要努力克服;一定要时刻牢记海上的强阵风,在它到来之前做好反应的准备(见图5-7-2)。

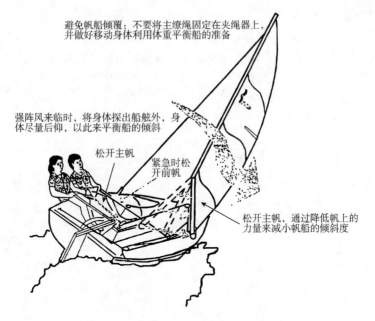

图 5-7-2 避免帆船倾覆

二、帆船倾覆后扶正船体的注意事项(见图 5-7-3)

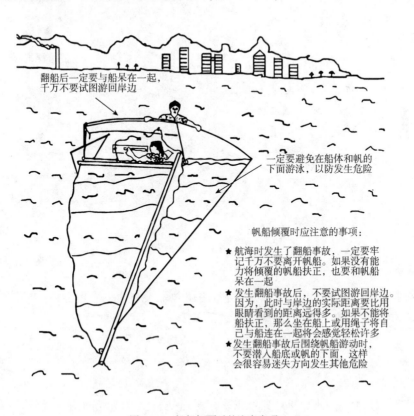

图 5-7-3 帆船倾覆后的注意事项

(一)帆船倾覆后的两条守则

翻船后,人不能离船,应抓住稳向板或桅杆,尽可能向桅杆顶端运动;

将主帆缭绳及前帆缭绳松开,让船头对准风向或桅杆指向下风,下压稳向板及顺手将船舷接近水面,人随之将身体移至船内(记住,要低头于帆杆下,抓住舵柄)。

(二)帆船倾覆后船体扶正的方法

帆船倾覆后船体扶正的方法主要有3种:

1.铲式扶正

对于2~3人乘坐航行的帆船,用手抓住帆船进行扶正是最好的一种方法。扶正的时候,其中一名运动员(最好是舵手)移动到船舱的位置。当帆船扶正恢复到正常姿态时,随船者可立刻控制舵,掌握船的平衡,避免再次翻船,并操纵帆船进入安全区域保持稳定状态。随船的人在帆船稳定后可以帮助其他人重新登船。在帆船扶正的过程中,船上人员之间用语言进行信息上的沟通是很重要的(见图5-7-4)。

①A托住桅杆顶部以防止帆船翻覆,同时B游到帆船的稳向板处,抓住船体防止帆船继续倾覆。两人相互保持口头联系,将船头对准风向。

②A解开主缭绳并扔一根前帆主缭绳给在稳向板一边的B。B爬到稳向板上,把前帆主缭绳作为扶正绳和保持自身安全的保障绳。

③B站在稳向板上并抓住缭绳将身体后仰,同时A抓住船舱内的固定物体,两脚踢水帮助船恢复正常状态。当船摆回正常状态时,A也就随之进入船舱了。

④A在船上尽量把船头调整到迎风顶风状态,平衡船体并把主帆松开,让主帆随风飘动。A把船调整到安全位置,然后帮助B从船尾登船。

图5-7-4 铲式扶正法

2.传统扶正

在传统扶正的方法中,没有人在船里,因此在大风天中扶正后可能再次倾覆。所以在翻船后就要求在水中旋转船体,将帆船的船舱顶风。一旦船体旋转完成后,一人留在船舱保持其顶风的姿态,另一人登上船并控制帆船。两人或两人以上的帆船,用传统扶正的方法较难操作,因此应优先采用铲式扶正方法(见图5-7-5)。

3.轻松扶正

很多帆船在即将发生倾覆时,都可以采用轻松扶正法来恢复平衡,当然需要具有敏锐的反应能力和提前练习。在帆船开始倾覆时,帆杆经常被拖入水中,这样可以减缓帆船倾覆的速度。如果行动迅速,在帆船完全倾覆前船上人员可以跨到离水船舷的一边,踩到抬出水面的稳向板上。当然轻松扶正的方法是最难的,如果反应缓慢或犹豫的时间太长,帆船就会完全倾覆。

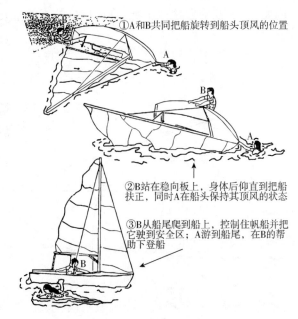

图 5-7-5　传统扶正法

船上人员跨到离水的船舷、踩到稳向板上时,身体应后仰,将体重尽量压在稳向板上,并尽量抓住船舷的边缘或侧支索等部位。在帆船即将扶正到正常姿态时,应立刻爬回船舱。不管是哪种扶正的方法,在返回船舱后都要先抓住舵柄,保持帆船的平衡,并注意要低头于帆杆下,防止帆杆摆动撞击头部(见图5-7-6)。

图 5-7-6　轻松扶正

(三)双体船安全技巧和翻船后的扶正技术

为了避免双体船从后向前倾覆,舵手和缭手应该在风力加大的时候尽量向船尾移动,防止船头在速度很快的情况下出现扎浪的现象,避免帆船由后向前倾覆。

双体帆船翻船后的扶正方法:双体船要比单体船宽,扶正时需要更大的力量。双体船的扶正与单体船扶正在程序上没有明显的区别,最突出的地方就是双体船扶正时用了一根与横梁相连的扶正绳(见图5-7-7),具体操作步骤如下:

航海体育　Marine Sports

第一步，解开船的主帆缭绳和前帆缭绳；

第二步，让船头顶风：通过站在水中的船头上，船头会慢慢地自动转向顶风，靠着扶正绳可以平衡双体船并防止帆船发生翻覆现象；

第三步，站在较低的船体上，双手握住扶正绳，身体后仰扶正帆船（动作要迅速快捷，防止帆船向下风旋转再次倾覆）；

第四步，双体船扶正时，一定要抓住双体船的横梁或较低的船体，防止双体船倒向另外一侧（在双体船扶正的过程中一定要注意把自己的位置调整好，确保双体船在扶正时船体不会砸中自己）。

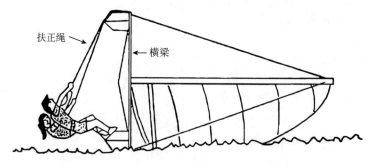

图 5-7-7　双体帆船的扶正

上述的这些步骤要迅速、顺畅地一气呵成。在天气晴朗、水温较高的季节中，应该制订计划并拿出时间专门练习这些扶正动作。

三、翻覆问题

当帆船倾覆的时候，有可能发生船底完全朝上，桅杆完全朝下的情况，这种类型的翻船称为翻覆，又被戏称为"龟翻"（即像乌龟壳一样）。为防止这种情况发生，有些帆船的桅杆上或主帆的顶端装有像气球一类的漂浮物。或在翻船后，一人托住桅杆顶部，另外一人抓住船舷，站在稳向板上（见图5-7-8）。

将一艘翻覆的帆船扶正是很困难的，因为船体倒扣在水面上呈现出一种很稳定的状态，浸在水中的帆也会对帆船的扶正产生很大的阻力，而且帆船中央的稳向板也会滑回稳向板槽中或倒缩回桅脚处。因此，扶正翻覆帆船的第一步就是先把帆船旋转到一个水平倾覆的位置，使船体靠在一边，帆朝向下风方向。然后就可以使用铲式扶正或传统扶正方法来调整帆船。

如果不能独立地扶正翻覆的帆船，就需要呼叫教练或同伴协助。但是不管如何困难，都应该学会依靠自己的力量将一条翻覆的帆船扶正

需要注意的是，一些教学训练用的旧式稳向板帆船没有自我恢复功能，翻覆扶正时外部的帮助是必需的，以便将水排出船体或用绳将帆船拖至岸边。这类帆船虽然可以扶正，但此时吃水水位非常低，几乎与水面持平，除非非常小心地保证它的平衡，否则很容易再次倾覆。因此，必须有一人留在船外扶着船舷以保证船体稳定；同时另一人用水桶快速地将水排出帆船。如果需要外部的帮助，请记住在外来援助到达前一定要与帆船待在一起。

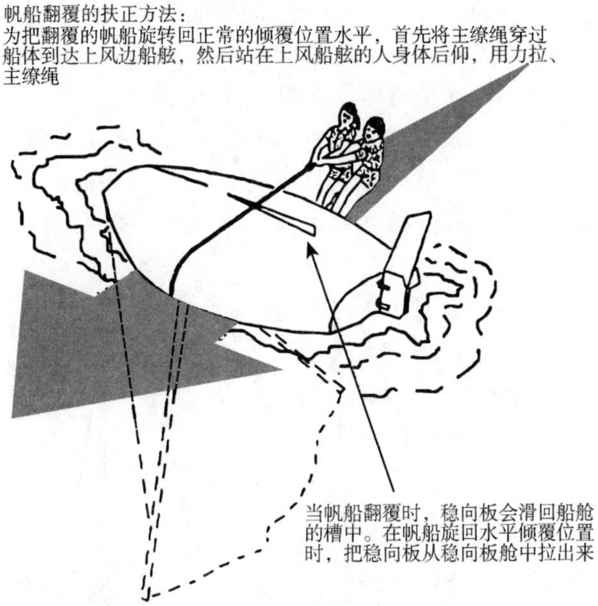

帆船翻覆的扶正方法：
为把翻覆的帆船旋转回正常的倾覆位置水平，首先将主缭绳穿过船体到达上风边船舷，然后站在上风船舷的人身体后仰，用力拉、主缭绳

当帆船翻覆时，稳向板会滑回船舱的槽中。在帆船旋回水平倾覆位置时，把稳向板从稳向板舱中拉出来

图 5-7-8　帆船翻覆的扶正方法

四、桅杆插入水底的淤泥中

帆船在浅海中或在湖水中翻覆，桅杆有可能插到水底的淤泥或沙子里。此时需要赶紧行动，以防止桅杆发生弯曲或脱离帆船。船上人员需要尽快地离开帆船，以免人的体重使桅杆插到更深的泥沙中去。要使桅杆从海底的泥沙中解脱出来，可尝试将船艏顶风。如果桅杆还不能从海底泥沙中解脱出来，就要寻求外部帮助。

五、登船和离船

在帆船倾覆的过程中，有几种可供重新登船或离船的方法。当帆船倾覆后，离于帆船的时候应该是脚先入水，而不是头部先入水。也不要直接潜入水中。在进行了一些相关练习后，会发现在帆杆和甲板之间下水是最容易的。这样做在后续扶正帆船的过程中能减少很大的麻烦。

在铲式扶正方法中，一人进入船舱中，然后在此协助第二个人将帆船扶正，并在帆船扶正后将船驶入安全区域（即顶风停船或禁行区域），帮助其他的人登船。如果帆船扶正后两个人都在水里，那么身体强壮的人应该从船尾板处上船，将船驶入安全位置。一旦到了安全位置，其他的人在帮助下从船尾板的上风侧登船（可通过数一二三的方式将其拉到船上）。在将水中的人拉到船上时，使其身体和腿部而非背部（见图 5-7-9）先靠上船。

第八节　航　行　权

在驾驶帆船航行的过程中，经常会与不同的帆船、动力艇、渔船、货轮或其他的障碍物相遇。处理这些情况的时候，应该遵守《国际海上避免碰撞规则》。当帆船运动员在比赛中驾

航海体育 Marine Sports

驶帆船航行时,应该遵守国际帆船联合会(ISAF)的帆船竞赛规则。本节着重讲解帆船航行中的基本规则,帆船运动的竞赛规则将在后面重点介绍。

在航行中,最基本的规则是避免碰撞。在两只以上的帆船相遇时,拥有优先权的帆船可以保持原来航向和速度不变,而没有优先权的帆船应该停止或者转变航向以避免碰撞。对于没有优先权的帆船来说,一个简单且有效的处理措施是:将舵柄向预计发生碰撞的位置推或拉。这样可以使没有优先权的帆船远离可能出事地点。概括起来,帆船优先权有以下几种:

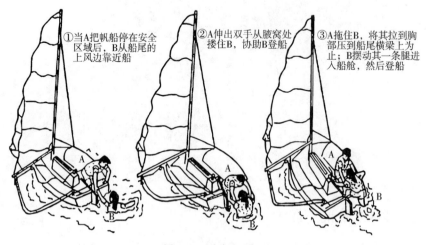

图 5-7-9　从水中登船

一、右舷受风帆船有优先航行权

在两只帆船相遇时,右舷受风的帆船可以保持航向和速度不变,而左舷受风的帆船应该改变航向。这时候,具有优先权帆船上的人可以有礼貌地提醒对方自己是"右舷"(见图 5-8-1)。

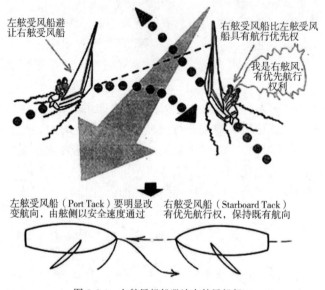

图 5-8-1　左舷风帆船避让右舷风帆船

108

二、处于下风的帆船具有优先航行权

当两只帆船相遇时,处于下风的帆船可以保持航向和速度不变,而处于上风的帆船应该改变航向(见图 5-8-2)。

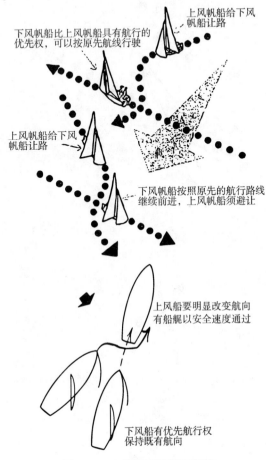

图 5-8-2　上风帆船避让下风帆船

三、帆船具有优先航行权

当帆船与动力艇相遇时,帆船可以保持航向和速度不变,而动力船应该改变航向(见图 5-8-3)。

四、商用船具有优先航行权

当商用船与娱乐用帆船相遇时,商用船可以保持航向和速度不变,而帆船应该改变航向。

五、帆船绕标或障碍物

帆船在绕标或障碍物时,外侧船要给予内侧船足够的空间(见图 5-8-4)。

航海体育 Marine Sports

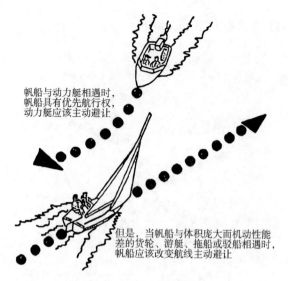

图 5-8-3 动力艇避让帆船

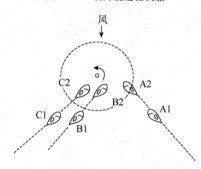

在图中，B2 帆船要给 C2 帆船足够的绕标空间

图 5-8-4 绕标时外侧帆船避让内侧帆船

模块六　拓展训练

第一节　拓展训练基本原理

一、拓展训练简介

拓展训练,又称外展训练(Outward Bound),原意为一艘小船驶离平静的港湾,义无反顾地投向未知的旅程,去迎接一次次挑战。它的典型特点是体验式学习,是用以激发个人潜能,提高人的能力为目标的新型学习方式。这种学习方式的运用前提是:体验先于学识,同时学识与意义来自参加者的体验。每个参加者的体验都是独特的,因为这个学习过程运用的是归纳法而不是演绎法,是由参加者自己去发现、归纳体验过程中提供的知识。

这种训练起源于第二次世界大战期间的英国。当时大西洋商务船队屡遭德国人袭击,使许多人葬身海底。但是人们惊奇地发现,那些能够活下来的并不是身体最强壮、游泳技术最好的人,而是那些有着顽强的意志、强烈求生欲望及较丰富的生活经历和生存技能的人。针对这种情况,汉恩等人创办了阿伯德威海上学校,利用自然条件和人工设施训练海员的心理素质和生存技巧。当战争结束后,海上训练学校的利用价值大大降低。但是,拓展训练以它独特的魅力吸引着越来越多关注的目光。一批有识之士发现了它最有价值的方面,并将管理心理学、组织行为学及发展心理学等相关学科的理论融入其中,以拓展训练的培训模式为载体,研发出一套适应企业的管理规范和团队建设的课程。由于这种训练具有非常新颖的培训形式和良好的培训效果,很快就风靡了整个欧洲的管理教育培训领域,并在其后的半个世纪中扩展到全世界各地。

二、拓展训练的作用

拓展训练是一种体验式的学习,大部分的课程安排在户外,精心设置了一系列新颖、刺激的情景,让学生主动去体会、解决问题,在参与过程中心理受到挑战、思想得到启发,在特定的环境中去思考、发现、醒悟,对个人、团队做出重新认识和定位。

这种全新的训练方式通常包括充沛体能训练、成功心理训练、挑战自我训练、团队合作训练四大类型。通过拓展训练,参与者在以下方面将有显著提高:

一是认识自身潜能,相信自己,增强自信心,改善自身形象。

二是克服心理惰性,启发想象力与创造力。通过形式多样、变幻莫测的情景使参与者得到磨炼,促使其学会在看似杂乱无章的情境中找出规律,以积极开拓的姿态战胜困难,并由此提高解决问题的能力。

三是认识群体的作用,信任他人,投入团队,信赖团队,增进对集体的参与意识与责任心,塑造团队活力,推动组织成长。

四是真诚的交流,顺畅的沟通,改善人际关系,更为融洽地与群体合作。在整个培训中通过每个人的发挥与自我的全面展现,从而更全面地认识到每个人的特长、优点及潜质所在,有助于人们在实际工作中与他人沟通与交流,更好地发挥各自的特长与潜质,相互配合与协作、相互学习与借鉴。

三、拓展训练的主要环节

(一)体验

这是训练过程的开端。参加者投入一项活动,并以观察、表达和行动的形式进行。这种初始的体验也是整个训练过程的基础。

(二)分享

有了体验以后,很重要的就是参加者要与其他体验过或观察过相同活动的人分享他们的感受或观察结果。

(三)交流

分享个人的感受只是第一步,循环的关键部分是把这些分享的东西结合起来,与其他人参加探讨、交流,以及反映自己的内在生活模式。

(四)整合

这一步是要从经历中总结出原则,并归纳提取出精华,再用某种方式去整合,以帮助参加者进一步定义和认清体验中得出的结果。

(五)应用

最后一步是将这些体验应用在工作及生活中。应用本身也成为一种体验,标志着新的体验循环又开始了,参加者可以在其中不断进步。

四、拓展训练的特点

(一)投入为先

拓展训练的所有项目都以体能活动为引导,引发出认知活动、情感活动、意志活动和交往活动,有明确的操作过程,要求学员全身心投入以获得最大价值。

(二)挑战自我

拓展训练的项目都具有一定的难度,表现在心理素质的考验上,需要学员向自己的能力极限挑战,跨越心理极限。

(三)熔炼团队

体验团队的力量,增强团队成员的责任心与参与意识,树立相互配合、相互支持的团队精神和群体合作意识。

(四)高峰体验

在克服困难,顺利完成训练项目要求以后,学员能够体会到发自内心的胜利感和自豪感,获得人生难得的高峰体验。

(五)自我教育

培训师只在训练前把课程的内容、目的、要求及必要的安全注意事项向学员讲清楚,活动中一般不进行讲述,也不参与讨论,充分尊重学员的主体地位和主观能动性。

第二节　如何组织拓展训练

一、信息收集

拓展训练必须根据参训人员的实际情况和要求策划和实施,才能更好地发挥拓展训练的作用。为了达到这样的目的,开展一场拓展之前必须先对一些必需的信息进行收集和整理。

(一)参训人员基本信息收集

首先应该了解清楚参训人员的一些情况。以下列出了一些需要收集的比较常规的内容要求:

参训人员的工作情况及对拓展的要求(达到何种目的、效果等);
参训人员此前是否有过拓展训练的经历,对拓展训练的了解程度;
参训人员人数、年龄组成、性别比例;
参训人员中有否特殊成员(如带伤病学员、残疾学员)和生活习惯禁忌较多的少数民族学员等。

(二)环境和条件

接下来要考察一下拓展所在地的基本环境和条件。
场地条件,如场地是否平整、足够开阔等;
设施条件(如训练设备、电源设备、音响设备等)能否允许开展一些因地制宜的项目等;
消除各种安全隐患,无法保证基本安全则建议更换场地。

二、项目策划

在收集和整理好所需要的信息后,要根据这些信息挑选最适合的拓展项目,合理安排课程,进行策划和预演。一个正规的拓展训练的项目策划方案应包含正式的纸面项目策划方案、PPT方案等。下面主要介绍项目纸面策划方案的内容。

一个正规的项目策划书作为一个指导整场拓展训练的大纲性质的文本,需要有正式和规范的书写内容。这里仅提供一种标准策划方案书作为参考。

_____拓展训练方案

一、参训人员基本情况

1. 参训单位
2. 训练目标
3. 参与人数
4. 时间

5.地点

二、破冰热身环节

1.破冰

目标:让大家通过现场互动放松身心,活跃现场,营造拓展氛围。

内容:

2.团队组建

目标:促进个人融入团队,感受团队文化的建设过程,形成归属感。团队意识。激发和强化学员运用和发挥集体智慧,推动团队建设进程。使团队成员体验团队工作的方式,并感受团队凝聚力。

内容:随机将现场成员分为数支队伍,初步成立团队,完成组建的六个任务:队名、队长、口号、队标、队形等

准备时间:10min

轮流展示:每组2min

(道具:每组1~2张白纸(或彩旗等),2~4只彩笔)

3.热身项目

目标:进一步活跃气氛,增进队员之间的合作默契,增加队员间的团队合作精神,巩固新建团队。

内容:

三、主体项目

简介:

目标:

内容:

分享:

总结大家在今天活动中的表现,对每个项目进行总结分享。各队派代表与大家一起分享本次活动的收获。(组内分享和总分享相结合)

四、大总结

整个拓展的收尾阶段

附

道具:

注意事项:

年　月　日

三、前期准备

策划方案确定后,需要召集和组织教练人员、后勤人员进行方案的推演,并对其中的一些内容进行进一步的细化和修正。

(一) 召集、组织人员

根据参训单位、参训学员的特点，以及项目策划书的具体要求，召集适合的教练和后勤人员，谈好劳动报酬及相关的权利和义务。

(二) 项目推演及细化

人员到位之后，根据策划书的流程对整场拓展训练进行推演，将各个环节可能出现的情况都推演出来，以填补策划的漏洞，消除安全隐患，同时明确各人的任务分工。

在这个环节，要将拓展训练的各个部分的衔接及导入时要说的内容拟好大纲，并熟记。

随后将所需的各种物资统计出来并备足。一般情况下，原则上要在所预计材料份额的基础上多备几份，以应付突发事件。

四、正式开展一场拓展训练

根据策划方案，参照拓展训练实施要求，正式开展拓展训练。

第三节　常见的拓展训练项目

一、合力过桥

(一) 项目简介

1. 项目类型

个人心理挑战型团队合作项目，场地培训。

2. 场地

基地综合训练架。

3. 器材

安全带4个、安全帽2个、保护主绳1条、铁锁6个、8字环1个、手套4副、大包1个。

4. 人员要求

12~18人为最佳。

5. 项目目标

培养个人的自信心与勇气；

培养团队的沟通协作能力与适应新环境的能力；

培养学员集体荣誉感，感受集体和个人的利益关系。

6. 项目时间

约90分钟。

(二) 项目暖场

做准备活动，活动各关节。

(三) 项目布置与实施

宣布项目名称、注意事项及进行方式。

讲解安全带、安全帽、主绳等器械的使用及安全系数。

选出两位队员在下面帮助穿安全带、戴安全帽、扣铁锁等（一般选安全员和队秘做这项工作)。

鼓励学员,加油充电。

队员在培训师的保护下依次从第一段桥通过,直到从第三段桥走出,其他队员分组抓住木板垂下的绳子,掌握平衡,协助高空的队员。

下方队员把第三段桥拉开,上方队员在培训师保护下从桥上降落到地面。

(四)安全要求及注意事项

上方队员的保护绳必须处于两臂之间,防止因意外脱落而使上肢受伤;

上方队员在过桥板时,必须靠外侧行走,防止保护绳和木板钢丝绕在一起;

下方队员要注意三块木板各不相同;

地面协助的队员不要踩绳子,防止摔倒;

上方队员走到另一侧平台,跳下来之前要得到培训师允许,否则容易出危险;

上方队员向下跳之前,下方的队员要把第三块木板朝第二块板方向拉开,防止上方队员受伤;

要有一名队员时刻协助培训师做保护,拉住安全带腰部,不要拉绳子;

下方队员只能用手拉住木板下的绳子,不准将绳子绕在手上,也不准坐在绳子上,防止发生意外。

(五)讨论总结

团队协作,懂得感恩;

指挥及分工明确;

任务的衔接,人员的配备及配合;

个人成功的背后都有团队辛苦的付出、幕后的帮助;

主动积极的补位意识;

前进的路本是平坦的,不平静的只是你的心境。

(六)点评与授课技巧答疑

1.培训师补充点评

合力过桥是一个典型的个人挑战与团队合作的拓展训练项目,个人挑战的成败除自身的努力外,团队的支持起着至关重要的作用。想要成功,最佳的方法就是融入团队。

2.授课技巧

本课程的关键之处在于上方队员能否顺利通过取决于下方队员拉绳子的方法和技巧。培训师可以适当指点。

二、信任背摔

(一)项目介绍

1.项目类型

个人挑战与团队协作型项目,场地培训。

2.场地

一块平整的场地。

3.器材

背摔台1个,约150~160cm高;

捆手绳1条,约60cm长;
硬质体操垫1块。
4.人员要求
12-18人,最好男士8人以上。
5.项目目标
克服学员心理恐惧;
增强团队成员间信任感和责任感;
增加团队凝聚力。
6.项目时间
约90分钟。
(二)项目暖场
活动各关节,做暖场活动"疾风劲草"。
(三)项目布置与实施
所有学员摘掉有可能造成伤害的物品并仔细检查。
教授台上学员的背摔动作。平伸两手,掌心向外,两手臂叠加后十指交叉,内旋,两手自然放置胸前,下颌始终保持内收,身体自然挺直,脚跟脚尖并拢。
教授台下学员的接人动作。按照高低胖瘦及性别的一致性进行组合,两两搭配。两人面对面站好,同时迈出右脚,两右脚并拢,相隔五指左右距离,用膝盖的内侧顶着,成前腿弓后腿蹬的动作;将双手上下叠加放在对面同伴的右肩上,掌心向上;大拇指始终保持向下压和内收的动作,并注意大拇指的指向和同伴咽喉所处的位置;头始终后仰,用自己的余光观察台上的学员,随时灵活调整方位。接人队列保持平直。
口令的一致性。台上人背对大家问:"准备好了吗?"台下人一齐响亮回答:"准备好了!一!二!三!"台上人一定是在听到"三"的时候,才能自然挺直倒下,绝对不能提前,也不能延迟,否则对自己对他人都不利。
背摔的平地初级体验。选择一名学员做后倒动作,在平地上模拟台上的背摔动作;三名学员做保护,其中两名做侧保护,具体动作为:两人相向而站,分别跨出距离后倒学员较远的腿,呈前腿弓后退蹬的动作,同侧的手抓住同伴的腕,保持肘心朝向后倒学员,接住后倒学员的臀腰部位;另一名保护的学员站在距离后倒学员背面的适当距离,呈前腿弓和后腿蹬的动作,两手五指交叉,向下张开,放置前腿上,准备接住后倒学员的头部,并时刻抬头注意后倒的学员。后倒幅度超过45°才能收到应有的效果。
充电鼓励。所有学员围着准备上台的学员紧凑地站成一个圆圈,把左手统一放在准备上台学员的肩上,右手放在邻近同伴的右肩上,一齐响亮地喊准备上台学员的姓名、队训,给他(她)加油助威。每一个上台的学员都要接受这种团队鼓励,并且保持充电时"一个都不能少"的原则。
(四)安全要求及注意事项
严禁身上携带可能造成伤害硬质物品;
提前了解学员身体情况,有心脏病、脑血管病、高血压及严重腰伤的人不能参加;
四条注意事项(膝、胳膊、掌心、头)的多次重复强调:背摔台下人的膝盖要顶住,胳膊向

前伸平,掌心向上(严禁手臂交叉手掌向上),头尽量后仰;

合理安排各组学员的位置;

注意控制学员倒下的方向;

学员倒后要抱住,先放脚,后放头;

解释动作严格要求的原因。接人动作中强调肩膀对手臂的辅助性支撑作用;接人靠的是双手的力量,不是对方肩膀的力量。

培训师也要经常注意自己在台上的安全,并时刻关注学员的表现,不断提醒。

(五)讨论总结

换位思考;

面对挑战的心态;

对团队的依赖感;

信任建立的过程;

责任感的建立;

团队成员间的可替代性。

(六)点评与授课技巧答疑

1.培训师补充点评

信任背摔是我们所有培训项目中保存时间最长久的一个项目,也是所有接受培训的团队必须做的一个项目。团队成员的高度信任感和强烈的责任感及其团队凝聚力是一个团队勇往至前战无不胜的基础。信任背摔就囊括了上述三个方面,构成了我们整个拓展理念的基础。正是在这一基础下,拓展的理念才能让人记忆犹新并受益终身。

2.授课技巧

本课程的关键之处在于安全性,一定要保证绝对安全。授课中做好前期准备工作十分重要。尤其是对于那些有心理障碍的学员,要鼓励其在地面上多演练几遍。

第一个上台的人至关重要,要选择一位体重比较轻的,并且是自告奋勇的学员,以保证第一步成功所给人的信心。体重大的人安排在中间做,并要适当的增加保护的人数。

遇到确实有思想障碍的学员,在台上可以采取轻拍肩膀、深呼吸、动用团队力量、强调项目意义等手段给予鼓励。

三、逃生

(一)项目简介

1.项目类型

团队合作项目。

2.场地

1面4米高的求生墙。

3.器材

海绵垫1.5×2m2个,小海绵垫2个。

4.人员要求

10人以上,男女比例为6∶4。

5.项目目标

增强团结一致、密切合作、克服困难的团队精神;

培养计划、组织和协调的能力;

转变思想观念消除个人英雄主义,体会团结就是力量的意义;

发挥个人的优势,树立"团队无弱者"意识,认同差异,发现优点;

合理进行资源配置,做好策划和决策。

6.项目时间

40分钟左右。

(二)项目情景

可能的情景设置:想象一艘船失火下沉,只有4米高处有一窗口直接通向甲板,要求所有船员在40分钟之内全部逃至甲板上。整个过程中不允许脱下衣服和腰带,不允许借助于任何外在器械。

(三)项目布置与实施

摘掉所有可能造成伤害的物品,并仔细检查;

所有人要在40分钟内翻过4米高墙;

在活动过程中,不可以借助任何延长身体的工具;

上边的人不能下来帮助,但最后只剩下一名队员时可以下来做保护(防止队员掉下来摔倒),但不能触及最后那名队员的身体;

下面的人不能通过梯子上去;

培训师喊"停",所有队员都要停下来。

(四)安全要求及注意事项

海绵垫要靠墙,两块之间不要留空隙;

严格要求只能使用"老虎扣"(上方的人拉拽下方的人时,需两人相互用手抓住对方手腕的方式向上用力)的技术;

做人梯的学员不允许猛起,保证上面的队员控制重心;

人梯需要轮换,踩人梯时只允许踩大腿和肩窝等部位;

可以适当提醒学员改变方式;

女学员禁止倒挂;

出现危险动作时要及时喊"停";

培训师要站在出现有潜在危险的地方。

(五)讨论总结

团队领导力的形成;

团队领导、管理的作用;

团队资源的合理配置,团队分工与配合;

团队氛围的影响;

个人贡献在团队中的作用;

个人目标与团队目标的关系。

(六)点评与授课技巧答疑

1.培训师补充点评

值得表扬的是大家用了××时间逃生。我想逃生这一项目一是对大家体能的考验,二是对大家智慧的考验。其中第二点是至关重要的,只有人尽其才、物尽其用,充分发挥个人潜力与集体的智慧,才能找到成功的捷径。所以说,队长的作用、人力资源的合理分配、适当的调整思路是成功的关键。

2.授课技巧

此项目为拓展培训的毕业课,意义重大。培训师要时刻保证学员安全,关注危机可能发生的地方,并坚决严肃制止队员做危险动作和到危险之处。

四、孤岛求生

(一)项目简介

1.项目类型

团队沟通型项目。

2.场地

一块平整的场地。

3.器材

1×1米的木台3个,高度20cm;

普通木板3块;

木桶或者塑料桶1只;

乒乓球或网球3只;

1双筷子、1张报纸、1段胶带、1个鸡蛋、1支笔,以及眼罩若干;

任务卡片。

4.人员要求

10~15人。

5.项目目标

体会主动沟通、信息共享的重要性;

感受管理者利用资源和决策的重要性;

深刻理解主要矛盾与次要矛盾的关系,不同群体优势互补之间的关系。

6.项目时间

90分钟左右。

(二)项目情景

下面我们要做的项目叫孤岛求生,这是由哈佛大学商学院传入的一个非常经典的用于人事培训的项目。现在大家乘坐一条小船出河,却不料发生了意外,小船出了故障,只好在附近的一个小岛上暂时地安顿下来。但是救援信号发出以后一直没有回应,食物也没了,只能依靠现有的物品离开小岛。

（三）项目布置与实施

所有学员被随机分成3组：常人组、哑人组、盲人组；

规则见任务书；

认真阅读任务书；

任务书发放的时刻即为计时的开始；

项目进行过程中，培训师不回答学员提出的任何问题。

（四）安全要求及注意事项

注意活动的严谨性；

严格要求学员按规则进行活动。

（五）讨论总结

在众多问题中，抓住主要矛盾，解决主要问题；

加强相互沟通，达到资源共享、信息共享；

在信息不全，限制很多的情况下，找出问题的关键；

分析、判断目前所面临的问题，找到解决办法；

打破常规的思维，实现信息共享。

（六）点评与授课技巧答疑

1. 培训师补充点评

首先向大家说明的一点是，我们做这个项目不在于成功与否，而在于从这个项目中体验到了什么。这个项目之所以流传至今，自有它的魅力所在，综合大家所谈的感受，主要有以下几点：

第一，做任何一件事情都要抓住事物之间和事物内部的主要矛盾和次要矛盾。分清主次，不要被表面的现象所迷惑。生活中有很多值得深思的人和事，许多人往往被身边的众多琐事所迷惑，对自己做的事情沾沾自喜，却忘记了我们最重要的事情。

第二，做任何事情要尽量做到优势条件优化，达到优劣互补，并且做到优劣双方协作一致，沟通的及时有效。工作中，每一个人如何定位，如何让潜力得到合理而有效的发挥，是保证成功的重要条件。

第三，生活中谨防一些陷阱的迷惑，对任何情况都要做到：稳住阵脚，冷静观察，沉着应对，韬光养晦，善于守拙，绝不当头，有所作为。

第四，克服生活中的思维定式，从更高更新的角度审视工作和生活中所存在的不足，更加完善和提高我们各方面的能力。

2. 授课技巧

此课程最关键的是严格控制规则的实施。对于哑人组和盲人组可采取监控等手段。这点做好了，项目的意义在做过以后会凸现出来。

分组时可以把善于说话、不善于聆听的人放在哑人组，将领导能力、组织能力较强的人放在盲人组，年轻人和其他人放到常人组。这样可以增加项目失败的可能性，从而增强学员对项目理念的理解和领悟。

（七）项目演绎与创新

如果没有相应器材，可以圈地为岛，可以不用木板，可以用旗杆代替快艇。

五、穿越雷阵

(一)项目简介

1. 项目类型

团队合作项目。

2. 场地

一块平整的场地。

3. 器材

画好的雷阵图。

4. 人员要求

10人以上。

5. 项目目标

提高组织纪律性;

学习利用工具的方法;

突破思维定式,进行创新;

学会认真倾听。

6. 项目时间

40分钟左右。

(二)项目情景

我们这个团队在执行任务返回的途中遇到了一个雷阵,而且这条路是我们的必经之路,要求我们在40分钟的时间里迅速找到一条安全通道通过这个雷区。

(三)项目布置与实施

活动开始前所有队员不得进入雷区。

所有队员要在40分钟内通过雷区。

每次雷区里只能有一个人,且只能走相邻的格子,不能隔格跨越,不能踏线,不能试探。

每走一步都要听培训师的口令,口令只有"继续"和"有雷"两种。如果触雷,必须原路返回,站在队尾,下一个继续探雷;

100分为满分,每重复触雷一次扣一分,没按原路返回扣一分,踏线扣一分,每超时两分钟扣一分。

备注:培训师手里有一张雷区图,上面标明雷的分布(阴影部分为有雷),两个大的空格是安全区(不要告诉学员,只有他们被逼得走投无路的时候才会尝试这两个安全区,只有通过其中一个安全区,才能找到安全的通道)。培训师在这张图上标出学员走过的路线及违例扣分情况,最后统计他们的得分。

(四)安全要求及注意事项

提醒学员要认真倾听不要反问,认真记录触雷的情况及其走过的路线;

每走一步必须听培训师的指令;

雷区左右两边是悬崖峭壁,无法通过;

注意活动的严谨性,严格要求学员按规则进行活动。

(五) 讨论总结

突破惯性思维,勇于创新;

团队规则的形成;

个人能动性;

对规则的认识、理解和利用;

团队领导力的形成;

团队领导、管理的作用。

(六) 点评与授课技巧答疑

1. 培训师补充点评

通过这个情景模拟项目的培训,大家都经历了一场生死的考验,展现了非常优秀的一面,也暴露了我们的缺陷。这对于我们客观实在地重新审视自己具有重要意义。

项目一开始时,我要求大家仔细听规则,就是要求大家善于倾听,把所需要的信息收集全,以利于下一步的操作。没有认真地倾听规则,犯错误肯定是在所难免的。

在活动中,我们用了很好的方法完成这项任务,如做记录、在地上做标记、分人记忆等。这些都是成功的要点。当我们的目标明确后,寻找方法就是首要大事。"团队学习"是现代"学习理论"的重要议题,"1+1>2"、"1+1<2"的现象都有可能发生。

当我们被逼到"红区",应该怎么办?生活中我们都会有"思维定式",许多东西在我们意识深处都是"理所当然"的。这两片红区在形式上是与其他格子不同,但我们的规则没有说不能进入。正像工作中的一个例子:几个部门经理被总经理招来开会,一个问:"我可以做什么?"一个问:"我不能做什么?"我们看哪个人更适合做领导呢?突破思维定式还表现在"穿越雷区"项目的其他方法,如:对相邻的小格子的理解,是否可以斜走,后一个人走新路线等。可见,富于创新精神是突破思维定式的最突出的表现。

2. 授课技巧

此课程最关键的是严格控制规则的实施,也就是一定要严格执行规则。对于表现良好的团队,可以适当修改手头上的路线,增加难度,突出培训理念;对于较为迟钝的团队,也要保证最基本的难度和规则所体现出的理念。培训师在项目实施中不回答学员的任何问题。

(七) 项目演绎与创新

在项目规则上可以适当变化,比如触雷的脚就不能再用。没脚可用就得有人背着通过雷区。雷区也可以不设安全区。

六、解手链

(一) 项目简介

1. 项目类型

团队协作型。

2. 场地

一块平整的场地。

3. 器材

无。

4.人员要求

10人以上为最佳,且要为偶数。

5.项目目标

体会解决团队问题的步骤,聆听在沟通中的重要性,团队的领导艺术,服从在团队配合中的重要性,个人及团队的执行力问题,突破惯性思维,永不放弃坚持到底的团队精神,过程与结果的关系,承诺的责任性等。

6.项目时间

约90分钟。

(二)暖场活动

成语接龙,歌曲接龙。

(三)项目布置与实施

培训师组织学员站成一个肩并肩的面向圆心的圆圈;

学员先举起左手,去握住不相邻的人的左手;再举起右手,握住不相邻的人的右手,并且两手握住的不是同一个人的手(即不要出现两两相抓的情况)。

强调是两只手组合在一起。

面对一个复杂的乱网,要求团队每位成员共同努力,将其解成一个完整的圆。整个过程不准松手,若松手则宣布项目失败。

培训师要告诉大家:只要大家集思广益认真协作就一定能解开,要不怕失败、不断总结经验。

(四)安全要求及注意事项

不能抓与自己相邻的人的手;

在解的过程中任何人不允许将手松开;

在移动换位时注意手臂不要扭伤。

(五)讨论总结

做事情的认真投入态度是成功的必要保证;

完美高效的执行力是团队成功的关键(举美国通用电气案例);

领导艺术与积极主动的服从艺术;

聆听技巧在团队解决问题中的作用;

突破惯性思维,通过现象寻找最根本的本质规律;

个人智商与团队智商的关系;

承诺与责任感的关系;

逆商(人们面对逆境,在逆境中成长能力的商数,用来测量每个人面对逆境时的应变和适应能力的大小,英文为"Adversity Quotient",简称"AQ")与成功的关系。

(六)点评与授课技巧答疑

1.培训师补充点评

首先恭喜大家顺利通过挑战,成功有效地解开了牢笼。这是团队力量的体现,可以看出我们的团队是一个解决问题能力很强的优秀团队。在整个团队攻坚的过程中,我们体会了很多东西:态度决定一切,想法决定未来。大家从刚开始的混乱无序并抱有只是玩一玩的游戏心态,到全身心投入、认真思考、参与团队任务的解决,而正是这种一定要成功的团队信念使我们获得成功。

有了负责任的全身心投入的态度,我们才会有完美高效的执行力、认真地聆听、良好的配合协作。在当今社会,已经不是大鱼吃小鱼的时代,而是快鱼吃慢鱼的时代。公司企业如果没有较强的执行力,就无竞争力而言。譬如,美国 GE 公司就有很强的执行力,决策层一个文件会在短短的 3 天内让全球 40 多万员工都熟知,并深刻领悟执行。

从团队协作角度看,当我们分为两个小组时通过努力解开了,而当我们将两小组合在一起做时却失败了。为什么呢？它给我们的启示是:在一个团队里,每一个部门不仅要认真做好自己的事情、业务,而且要明确整个团队的终极愿景和目标,才能够与其他各个部门协调合作,充分交流沟通,取得成功。

在我们的团队遇到困难时,是坚定不移地继续寻找方法,还是干脆放弃呢？这里体现出一个 AQ 的问题。一个人、一个团队在逆境中的生存能力越强,成功的可能性就越大。让我们直面困境、逆境,不断克服困难,我们的逆商就会不断提高,生存的能力就会不断增强。生活中多些挑战、快乐、幸福,少些郁闷、沮丧、悲观！

2.授课技巧

此项目关键是要在实施过程中善于观察,善于引导,多挖掘项目所体现出的理念,多结合实际生活。在总结时多用实际中的案例进行项目理念的迁移,让学员充分意识到"小游戏大道理"的培训思想。

(七)项目演绎与创新

1.感觉障碍法

让部分人变为哑人,只有一位指挥者是正常人或全部都是哑人。

2.规则改造法

在没有人数的单双数限制下,只要求左手抓左手,右手抓右手,不两两相抓即可,或高举双手随便抓。

3.时间控制法

在团队熟练阶段可要求在 20 秒内解开,或团队成员对领导承诺解开时间。

七、齐眉棍

(一)项目简介

1.项目类型

团队协作沟通型。

2.场地

室内外均可的一块平整场地。

3.器材

一根约 2~3m 的轻质塑料杆或竹竿。

4.人员要求

12 人以上为佳。

5.项目目标

(1)体会相互适应、默契配合在团队协作中的重要性;

（2）理解统一的规则在完成团队目标时的重要性；
（3）领会交叉管理与统一指挥的巨大差异；
（4）突破思维定式寻找成功的方法。

6.项目时间

约90分钟。

（二）项目暖场

齐声喊队训，唱队歌。

（三）项目布置与实施

让小组成员站成相对的两排，全部将双手举到自己的眉头高的位置。

要求学员的双手的两个食指伸直，其他的手指缩成拳头，并与对面的同伴间隔而放手指，即自己的两个食指不相邻而放。

将轻质塑料杆放在有食指排成的平面上。需要注意的是，必须保证所有学员的食指都接触到杆，紧贴杆，并在杆的下面。

要求小组成员将杆水平地放到地上。此过程中必须保证杆始终水平状态，任何人的食指不得离开杆，并一直在杆的下面。一旦有人食指离开杆，项目就以失败告终，并重新开始。

（四）安全要求及注意事项

始终高度监督规则执行情况，一旦有人离开杆，立即结束项目，让其思考后重新开始。

可以运用语言不断调控杆的状态，不让学员轻易成功，让其充分领会协调一致完成团队任务的困难性。

（五）讨论总结

从想到看，再到亲身体验，学会换位思考；

两个人轻松完成的任务，多人参与完成时会变得艰难。必须有效整合一支团队，才顺利完成任务。

统一的目标，统一的领导管理与交叉管理的比较。

采用头脑风暴法，尽快搜集最佳方案。

默契配合源于共同的规则。

在整个过程中，个人扮演着什么角色。

（六）点评与授课技巧答疑

1.培训师补充点评

一个看似简单的游戏，但要成功完成非常不容易。如果一两个人去完成这个任务时非常简单而有效，但是人多了反而难度更大。因为人多了，人和人之间的关系也多了，也复杂了，问题也就容易出现，协调管理工作就会变得更难。怎样使团队能够默契配合？俗话说，没有规矩不能成方圆。只有在统一的规则下，团队所有成员按共同的方式和习惯去做事，在统一的价值观、行为模式、思维习惯形成后，才能打造出一支无敌的团队。

在一个团队形成的初期阶段，需要领袖的诞生。只有在领导的统一指挥下，采用民主集中制的方法做出决策，头脑风暴式的方法搜集各种可行方案，发挥团队成员的积极性，一个团队才会有活力。混乱无序的交叉管理，会消耗大量的时间精力。

2.授课技巧

本项目应把注意力着重放在对实施过程的监控中。发现有人手指离杆，就要马上喊

"停",重新开始,并多次引导,多重复项目的实施过程。

刚刚开始第一次时,培训师一定要会运用语言的技巧误导学员,不轻易让其成功。培训师会发现,要求越严格,学员越容易失败,且会跟着培训师的节奏变化。

(七) 项目演绎与创新

1. 感知觉障碍法

让所有人变为哑人,或部分人变为哑人;让部分人变为盲人。最好与正常做法比较来做。

2. 改变器材法

用报纸裹成杆会更轻,难度会更大;或用呼啦圈代替杆。

八、盲人方阵

(一) 项目简介

1. 项目类型

团队合作型项目。

2. 场地

室内外较开阔的场地。

3. 器材

眼罩每人1个,长绳每队1条,室内最好有音乐。

4. 人员要求

团队所有成员,两组及以上竞赛为最佳。

5. 项目目标

培养沟通意识;理解团队领导及其领导风格对完成任务的影响和重要作用;培养团队决策能力;培养科学的思维方式;理解角色定位及尽职尽责完成本职工作的重要性。

6. 项目时间

约60min。

(二) 项目暖场

神秘旅途。

(三) 项目布置与实施

把学员带到场地,先让学员看看周围的环境。然后让大家手拉手成一个圆圈,戴上眼罩。戴好眼罩后,要求学员手拉手顺时针、逆时针各转3圈,然后再左右自转3圈。

宣布项目开始,把部分绳子递给个别较沉默学员,部分绳子放在地上。

在40min内将绳子围成一个最大的正方形,所有学员均匀地分布在正方形的边上。

中途不能摘掉眼罩,不允许说话。

(四) 安全要求及注意事项

提醒学员在戴眼罩前注意四周地形。

项目过程中注意场地平整,小心队员摔倒,并阻止学员向不安全地带移动。培训师可给予适当提示,如时间还有20min、现在正围成两个圆等。

如有队员说话或偷看,罚做俯卧撑或蹲起。警告超过两次,视为项目失败。

提醒学员在摘眼罩时要按培训师要求步骤先闭眼再摘眼罩,捂住眼睛再缓缓睁开眼。

夏天应注意预防学员中暑,包括选择阴凉场地、关注学员状态、准备预防药品、相应缩短项目时间。

(五)讨论总结

复杂环境下的指挥应变能力;

制约沟通的五种因素;

建立良好的复命制度;

敢于担当;

主动、积极的负责与配合;

培养共同目标、默契;

在混乱的环境中理出头绪,保持清醒;

有效沟通的重要性,学会多种沟通方式,加强沟通意识;

领导是自然产生的,考验领袖的潜质;

多头领导对于组织建设的危害性;

检查与反馈。

(六)点评与授课技巧答疑

1.培训师补充点评

首先恭喜大家顺利地通过挑战,准确高效地完成任务,这是团队默契的体现。我想我们大家在挑战过程中应该有颇多感受:

第一、任何活动,只要形成团队,就必须确定团队领袖。该领袖应该是优秀的。

第二、团队在进行一项活动中首先应该确定行动的计划和步骤,不能摸着石头过河,以免浪费必要的时间和精力。

第三、行动中要注意细节,否则会对追求的结果形成破坏,以至功败垂成或难以做到完美(没有解开绳子的结)。

第四、行动中要注意以领袖为中心,统一思想,坚决执行。

活动的内容并不难,但暴露出来的问题值得我们终生反思,也值得我们在反思中不断修正。试想,一个团队没有一个得力的领袖,各自为政,在同一个目标下各行其是,就难以形成合力,提高效率。做事不可没有方法的指导,没有计划和步骤的制定,不统筹安排,走一步算一步,难以提高工作效率,容易走弯路,与其亡羊补牢,不如防微杜渐。实施的过程中一定要注意细节的掌握,并对此做出分析。有时候细节就是关键环节,严重忽视的话会导致目标的严重偏离。只有统一在团队领袖指挥下,对指挥确定的行动方向和步骤不折不扣地运作、执行,才能达成最终的目标。

还有一点是,某个人发现了细节,一定要及时反馈和沟通,不能因为自己的疏忽或者想当然而使得团队整体对细节无把握。这一点也昭示团队中相互沟通的重要性。

2.授课技巧

本课程关键在于对学员和项目的把控,在实施中要时刻关注学员的动向。

(七)项目演绎与创新

若盲阵图形做得较好,则可让一个学员在其他人不摘眼罩的情况下带到回顾地点,在不知项目结果的前提下就项目进行回顾,使学员回顾更加投入。

学员做得不错、较快时加一根绳子(可让他们知道),增加的回顾点是适应变化。也可以在学员不知道的情况下加以干扰。

开始时可以把绳子放在地上。

九、动力火车

(一)项目简介

1.项目类型

团队协作项目。

2.场地

约20m的平坦松软空地,最好是草地。

3.器材

专用3联布袋。

4.人员要求

5人一组,3人比赛,2人保护。

5.项目目标

锻炼身体,提高平衡能力、协作能力;

体会竞争,保持平常心;

明确团队目标,运用技巧高效地完成团队任务。

6.课程时间

40min。

(二)项目暖场

充分活动身体,加强跳跃运动。

(三)项目布置与实施

每队5名队员参加活动,3人手拎布袋站在布袋里前后排开,在其他2人的保护下跳跃20m的距离。

脚必须踩到布袋的底部,在行进过程中如有跌倒要迅速起立继续完成。

比赛从第一人开始,最后一个人通过终点线算完成,先完成获胜。

练习10min,之后开始比赛。

(四)安全要求及注意事项

项目开始前提醒参训者保护人员到位后方可开始。2人保护,一左一右,始终保持在第一个人前边50cm位置。

提醒学员注意正确操作方法:双手拎好两边带子,双脚踩到底,3人前后排开,保持间距,同步前进。

时刻提醒队员保护,提示正确安全的练习方法,观察队员体能。

(五)讨论总结

跟上团队的节奏,跳好自己的步子,是与团队最好的配合;

体会合作的最高形式就是默契;

练习是最好的捷径,付出才会得到回报。

(六)点评与授课技巧答疑

1. 培训师补充点评

在这个项目中,我们在努力前进,我们的竞争对手同样在不断进步。现在的领先不代表永远领先,我们一旦慢下来,对手很快会超过我们。

2. 授课技巧

在保证学员的安全这个前提下,可以渲染比赛的氛围,激发学员的斗志,使他们更加投入。

十、共赴前程

(一)项目简介

1. 项目类型

团队协作项目。

2. 场地

约 25m 的长条形空地。

3. 器材

报纸每人 2 张,宽胶带每队 1 卷,剪刀每队 1 把。

4. 人员要求

一般每队留下 1 人保护和指挥,其余都参加比赛。

5. 项目目标

培养学员的动手能力,让每位学员参与共同制作自己队的"风火轮战车"。

提高学员对事物的认知,尤其是对不熟悉的事物的判断。

学会规划,根据不同的环境、条件、限制因素等完成布置的任务。

合理利用有限资源,不浪费也不能不够用,将活动的准备工作做到最好。

人员协调、合理分工、检测试验等都要有所提高。

6. 课程时间

60min。

(二)项目暖场

报纸拔河。

(三)项目布置与实施

利用有限的报纸,一卷透明胶带,一把工具剪刀。在 20min 内制作完成一副"履带"。

制作的"履带"(也就是"风火轮战车")要可以容下全队学员在里面,并且能开动起来。

各队制作好"风火轮战车"后所有学员上去,开动起来,练习开动。

必须各自保留一点透明胶带,以备比赛过程中"履带"损坏时修补。

所有的"风火轮战车"齐头待发,等上面的学员都准备好以后开始比赛。

比赛过程中,所有人脚不得着地。每人着地一次,"风火轮战车"罚停 10s。中途某队"风火轮战车"坏了,可以停下来修补,但是计时不停。

(四)安全要求及注意事项

尽量让每队参加该项目的学员人数一样多。如果学员没有提出公平性问题,可以不一样多。

学员制作"风火轮战车"时要随时观察。如果有致命失误,培训师可以给予指导。

督促学员不要在没有想好方案的情况下把纸裁剪了,应合理利用报纸和透明胶。

各队学员只能在自己队伍制作"风火轮战车"的区域活动,严禁穿插走动。

遇到有些队伍或者个别学员制作"风火轮战车"不积极的,培训师要督促,以控制制作的时间。

提醒学员剪刀不要随便乱丢乱放,严禁用剪刀对准人,用后迅速归还给道具教练。

每队留1名指挥和保护,以免战车偏离航道。如有穿拖鞋的学员,注意路面的安全性。

比赛完后,提醒学员将用完的报纸和用后的"战车"丢进垃圾桶,杜绝留下垃圾。

(五)讨论总结

了解胜利的一队主要是哪些方面做得好,同时了解没有胜利的队在哪些方面做得不够好,鼓励以后能做好。

增强相互合作的团队精神,看是不是所有的学员都参与了制作"风火轮战车",是不是所有的学员在比赛中都与队友合作,协调一致前进。

体会计划和操作的重要性,有没有做到合理安排和利用团队成员的长处,合理分工,各尽其责,各尽其能。

活跃集体气氛,增加团队凝聚力,是不是所有的学员都支持团队的做法,有没有所有学员有更好的意见没有被采用。

学会如何利用有限的资源做出最好的安排。

培养如履薄冰、居安思危的意识。

(六)点评与授课技巧答疑

1.培训师补充点评

给学员鼓励,并且单独表扬胜利的学员。

在市场竞争激烈的今天,一个目标要想去完成,一个事业要想成功,不能只靠一个人的智慧和力量,需要团队中每个人的相互协作,需要凝聚团队每个成员的力量,使个人目标与总体目标一致。只有这样才能充分发挥团队力量,齐心协力将工作做到至善至美!

项目完成情况点评,如:有没有报纸或胶带剩余较多或不够用;有没有团队剪裁报纸之后发现做出来的"风火轮战车"比想象的要长很多,实际运动中由于太长而跑的很慢;有没有穿拖鞋的,报纸很脆弱;等等。提醒学员要有居安思危的意识。

2.授课技巧

在保证学员的安全前提下,可以渲染比赛的氛围,激发学员的斗志,使他们更加投入。

(七)项目演绎与创新

项目规则可变通,以增加项目难度和分享点。

十一、急速60秒

(一)项目简介

1.项目类型

团队合作项目。

2.场地

一块平整的场地。

3.器材

30张数字信息卡片。

4.人员要求

全员参与。

5.项目目标

增强团队协作精神,培养团队优化组合的意识;

突破思维定式,进行创新;

使大家充分认识到在团队之中沟通和分工的重要性,进一步增强团队的凝聚力;

通过项目很好提升团队的反应能力、协作效率、警惕性、做事情的严谨性,亦可以消除个人旁枝末节的一些细节要害,增加个人的责任感、归属感和提升自我的约束能力。

6.项目时间

40min 左右。

(二)项目暖场

数字排序。

(三)项目布置与实施

急速60秒是拓展项目里较为考验团队协作效率的项目。项目的设置比较简单,项目的道具主要有30张数字信息卡片和长约数米的缆绳。

在项目进行前,培训师会把项目规则和各项事宜讲解清楚,但不会重复第二遍。每一个小组的组长必须学会管理好各组的人员,让所在组能够分工明确、意见统一。各组要注意听清规则的,以免影响项目的进行。

数字信息卡片被放置在由绳接成的圈中,每个队都有依次进入现场收集数字信息的机会。活动开始后,每次进入绳圈的时间为60s。在采集卡片信息时,只许一名队员在圈内活动(下次可换人),其他队员只允许在圈外给予语言上的帮助。在60s时间内采集数字信息卡片,且按照数字顺序交予培训师确认。准确无误则胜出。

(四)安全要求及注意事项

提醒学员要认真倾听不要反问,认真记录数字信息;

活动中时刻强调规则,提醒学员奔跑时注意安全;

注意活动的严谨性,严格要求学员按规则去活动。

(五)讨论总结

良好的团队合作、领导决策和沟通是获得胜利的基本条件。

领悟合作的基础首先是完成好自己的任务。

领悟团队中的同伴也是自己的客户,在完成自己的任务的同时也要尽量为下一程序的同伴创造良好的起始。

突破思维局限,不断追求卓越。

培养成本和效果意识,避免盲目投入。

(六)点评与授课技巧答疑

1.培训师补充点评

此项目侧重的是细节,即在细节当中寻求方法。很多队员都是第一次接触本项目,在前两轮的较量中都会无功而返,莫名其妙犯规,过后才会突然意识到,问题的所在之处正是自己的粗心大意,喜好抢功,在教官讲解规则时,没听清活动的关注点。

经过几轮的辗转周折,在组长受罚和队员的自我约束下,团队开始进行新一轮的整顿。组长做好项目的安排,分析存在的问题,并听取其他队员的意见,充分调动其团队的协作意识,遵守规则,摒弃劣点,约束自我,提高警惕,方取得成功。

从不论时间论细节到不论细节论时间的转变是本项目的最大特色。前一段讲究的是团队的自我调整和管理监控;后一段则是团队的协作,是责任、智慧和能力发挥的体现。

不以某个队员的过失而责备,也不以某个队员的卓越表现而沾沾自喜。在急速60秒中,每个队员都要以身作则、融入团队才能突破新的挑战,赢取最后的胜利。

2.授课技巧

此课程最关键的是严格控制规则的实施,一定要严格执行规则。项目是轮换进行,要做到公平、公正、公开。培训师在项目实施中不回答学员的任何问题。

十二、七巧板

(一)项目简介

1.项目类型

团队协作型项目。

2.场地

室内或大块空场。

3.器材

七巧板及任务书1套,7张桌子或7块大垫子,以及相应的座位。

4.人员要求

全员参与。

5.项目目标

培养团队成员主动沟通的意识,体验有效的沟通渠道和沟通方法。

强调团队的信息与资源共享,通过加强资源的合理配置提高整体价值。

体会团队之间加强合作的重要性,合理处理竞争关系,实现良性循环。

培养市场开拓意识,更新产品,创新观念。

培养学员科学系统的思维方式,增强全局观念。

体会不同的领导风格对于团队完成任务的影响和重要作用。

6.项目时间

约60分钟。

(二)项目暖场

生日排序。

(三)项目布置与实施

把所有学员分成7个组或7的倍数组,每7组为一大组。1~6组间隔1.5m组成一个正五边形。7组占据五边形的中心。其他大组相同。

每组按照自己的任务书完成任务,每个大组得分超过1000分视为成功。

任务过程中学员不能移动自己的位置。完成任务后举手示意培训师计分。

将七巧板分发给各组（每组得到 5 套七巧板中的随机 5 块）。

将任务书及图一至图七按顺序分发给 1~7 小组。

（四）安全要求及注意事项

培训师及时准确记录分数；

非第七组成员禁止走动；

道具禁止采用扔的方法传递。

（五）讨论总结

团队需要明确如何达成目标，为了达成目标需要完成哪些任务，进而细化目标，进行任务分解。

团队通常遇到的沟通障碍。

团队资源配置状况对团队成绩的重要影响。

领导集体（第七组）如何充分发挥其领导力，科学地指挥安排各组的工作在本项目中起到至关重要的作用。

（六）点评与授课技巧答疑

1. 培训师补充点评

热身的鸦雀无声（生日排序）与七巧板的热闹翻天如闹市，在沟通上是两个极端，一个是比较痛苦的颇有障碍的沟通，一个是没有管制地彻底自由的看似充分的热烈交流。现在看来后者更危险，它可以使人心情极端急躁不安，心态失衡后的交流更是充满了自私与无效。

热闹的沟通场面其实是在进行一场有很多局部小交易的简单贸易而已，并没有达到人们想要的资源和信息的优化配置。一味任凭这样的交易与资源流动下去，根本不可能做到真正的优化配置，因为理性而自私的人们总是为获取自身利益的最大化而被局部遮住了眼睛，迷失了方向，不能够系统地思考与行动，最终导致项目的失败，资源和信息的低效流动与配置。

活动过程中是考察领导力的最好时机。通常会发现第七组是很难说服其他小组完成正方形，并且很容易先和别组交流正方形，而忽略了 1000 分的问题。这不能不说是私心和小算盘造成的。

在分享阶段有学员提出应该将第七组的领导责任更加明确地阐述清楚，这样他们就会知道怎样带领团队，并且明确自己是领导的角色。其实，任务书已经阐述得很清楚了，只是或多或少还是有点中立的模棱两可的感觉，要靠学员自己去悟。如果第七组抱定狭隘的个人主义或小集体观，自然不会主动承担领导团队的责任使命，会将焦点放在自己怎样得到眼前的分值上，而忽略总分达到 1000 分的大团队愿景。如果第七组的学员们有大局观并能把握全局，自然会想到要领导其他组，并努力地向各个小组传达大团队目标。其实在现实社会里，企业经营管理中也会有这样的现象，即使处在领导的地位和角色，也会发生无所作为的情况，做不出领导要做的事情。

十三、定向越野

（一）项目简介

1. 项目类型

团队协作项目。

2.场地

景区。

3.器材

地图、指北针、成绩单、队标、点标、任务道具。

4.人员要求

全队人员。

5.项目目标

增强团队凝聚力,发扬不抛弃不放弃的团队合作精神;

体会团队做计划,进行合理的分工与合作;

加强团队有效沟通。

6.项目时间

90分钟左右。

(二)项目暖场

学习辨别方向的方法。

(三)项目布置与实施

定向越野是野外生存的一种技巧,是指参与者依靠地图、指北针等物品寻找组织者在大自然中预先设置的一定数量的任务点,以速度最快者为优胜的一种户外体育运动。该运动是一种体力+智力+团队合作精神的活动,在大自然中每寻找到一个任务点都会有成功的喜悦,既有趣味性更具挑战性。

讲解规则及安全注意事项。

发给每队一张标有任务点的景区地图、成绩单、指北针。每一队需要通过地图找到任务点,再找到培训师完成任务。

每队在规定的最晚时间之前找到终点并完成任务,培训师记录成绩并宣布最终名次。

任务点要完成的基本任务有同心协力(跳大绳)、解析DNA、横穿纸壁、中流砥柱、超越梦想、团队锦囊等。

(四)安全要求及注意事项

任务点要求地面平整开阔,2米范围内没有硬物。

学员离开后一定要注意安全,别崴脚,不要和别人发生冲突。

守点培训师不要离任务点太远,点标旗不要藏得太隐蔽。

守点培训师要严格控制任务时间,时间一到就要让学员离开,离开时给学员签字并发给终点提示卡。

要求学员根据终点提示卡寻找到团队锦囊,并在团队的共同努力下把锦囊的内容一字不落的背下来。

(五)讨论总结

定向越野=知识性+娱乐性+竞赛性+趣味性+锻炼性+团体性的项目。

默契度和协作能力的重要性。

如何通过相互配合快速增进人与人之间的关系。

如何突破一些限制性观念,体会融入团队合作成功的成就感。

让每一个学员简单说说自己的感受,对完成任务的关键学员、其他学员的角色和分工适当简单回顾。

团队中的决策与执行情况,是否出现过忙乱,是否所有学员都领会了要求等。

(六) 点评与授课技巧答疑

1. 培训师补充点评

定向越野作为一种新兴的,利用地图和指北针导航的运动,在世界各地正吸引着越来越多人参与并为之狂热。它既是一种户外休闲、娱乐运动,又是一种竞技运动。参加定向运动除需要指北针和地图外,不需要特殊的设备,是一种较为经济的运动项目。Orienteering(定向)源自瑞典语 orientering 一词,原意是:借助地图和指北针,穿越未知地带。定向通常被人们看成日常生活、工作和户外娱乐活动中的重要工具,一种找到安静的垂钓地、偏僻的野餐地的工具,帮助确定在森林中的位置,走出森林的工具。

任何人都是在陌生环境里才懂得团结的重要性。在陌生的环境里完成任务就不是只有团队意识可以解决的,还需要通过某种机制将团队成员的能力充分发挥出来,形成集体智慧,并迸发出集体的力量。

个人的能力有限,有时团队的资源也是有限的,那么整合资源是团队首先需要解决的问题。这些资源除了包含本团队的人力资源以外,还有其他一切可利用的资源。

这就是竞争以外的沟通和交流。竞争之外有合作,合作之内有竞争。

定向越野拓展是专门为团队成员量身打造的活动,活动主旨是让长期生活在城市、工作在团队中的人有亲近自然的机会,并能在一些陌生的地方和自己临时拼凑起来的团队去共同完成一些任务。由于所有的活动都是在大自然里完成,所以在整个活动当中我们除了可以亲近大自然以外,还可以有限的了解在自然中简单的生存技巧。

2. 授课技巧

此课程最关键的是严格控制任务点任务规则的实施,做到公平、公正、公开。

(七) 项目演绎与创新

根据时间可适当添加任务点。

Part 7

模块七 形体训练

本模块针对的对象主要是邮轮乘务专业的从业人员。邮轮乘务工作人员,除了作为一名船员外,还是一名服务工作者,工作中要大量接触高端人群,需要良好的身体形态与仪容仪表作为保障。

形体训练的目的主要是对其身体形态的塑造,方式主要有健美操、瑜伽以及体育舞蹈等。

第一节 健美操

一、健美操概述

健美操是在音乐的伴奏下,以身体练习为基本手段,以有氧运动为基础,达到增进健康、塑造形体和娱乐目的的一项体育项目。它通常采用徒手或轻器械进行练习,是在氧供应充足的情况下,以中低强度进行全身性运动,主要锻炼练习者的心肺功能,发展良好的身体姿态。

健美操起源于美国医生库帕博士20世纪60年代为宇航员设计的体能训练项目——Aerobics Exercise,意思为"有氧操"。这种根据宇航员所处的特殊环境和宇航员身体机能的特殊要求而设计的有氧操。后因其对身体机能尤其对发展心血管系统机能和塑造良好体形的作用很突出,深受人们的喜爱。人们将其与美国爵士舞和现代舞相结合,形成一种操与舞结合的运动形式。20世纪70年代末期,美国著名影星简·方达根据自己从事健身操锻炼的成功体验,撰写了《简·方达健身术》一书,积极倡导健美操运动。在她的感召和影响下,健身俱乐部、健美操中心如雨后春笋般蓬勃发展,健美操运动以它强大的生命力迅速在全世界流行起来。

20世纪70年代末80年代初,健美操运动传入我国,并得到了迅速的发展。目前,健美操已成为我国各级各类学校体育课或课外活动中一项深受学生欢迎的教学内容和锻炼方法。

二、健美操运动的分类

健美操运动分为健身性健美操和竞技性健美操,具体见表7-1-1所示。

健美操运动的分类　　　　　　　　表 7-1-1

健身性健美操			竞技性健美操
徒手健美操	轻器械健美操	特殊场地健美操	男子单人
一般健美操	踏板操	水中健美操	女子单人
拳击健美操	哑铃操	固定器械健美操	混合双人
搏击操	橡皮筋操	功率自行车	三人
瑜伽健身术	街舞	健身球操	混合六人
拉丁健美操			

三、基本动作

健美操基本动作是由基本步法和上肢动作两部分组成的。

(一) 基本步法

健美操基本步法是体现健美操练习者下肢动作基本姿态的主要练习手段。根据动作完成的形式不同,可将基本步法分为:交替类、迈步类、点地类、抬腿类和双腿类五大类。

1. 交替类

两脚始终做依次交替落地的动作,如踏步、走步、"V"字步、跑步等。

2. 迈步类

一条腿先向一侧迈出一步,重心移到这条腿上,另一腿用脚跟、脚尖点地或吸腿、屈腿、踢腿等。然后向另一个方向迈步,如侧并步、迈步吸腿、侧交叉步、迈步吸腿跳、侧交叉步跳等。

3. 点地类

一腿屈膝站立,另一腿伸出,用脚尖或脚跟点地后还原到并腿位置的动作,如脚尖点地、脚跟点地。

4. 抬腿类

一腿站立,另一腿抬起的动作,如吸腿、摆腿、踢腿。吸腿跳、摆腿跳、踢腿跳、弹踢腿跳、后屈腿跳。

5. 双腿类

双脚站立、身体重心在两腿之间的动作,如并腿跳、分腿跳、开合跳、半蹲、弓步。

(二) 上肢动作

在完成基本动作时加入不同的手臂动作就会使动作变得丰富多彩,或改变动作的强度和难度。如手臂在肩以上的动作强度就大于手臂在肩以下的动作;手臂动作变化多的一组动作就难于手臂动作变化少的动作组合。另外,健美操的手臂动作除了自然摆动和一些舞蹈动作外,主要是模仿上肢力量练习的一些动作。这样做既美观,又使练习更加有效。

1. 常用手形

健美操中的手形有多种,是从芭蕾舞、现代舞、迪斯科、武术中吸收和发展的。手形是手臂动作的延伸和表现,运用得好,会使健美操动作更加丰富多彩、生动活泼,更具有感染力。

(1)并拢式

五指伸直,相互并拢。大拇指微屈,指关节贴于食指旁。

(2)开掌式

五指用力伸直,充分张开。

(3)芭蕾手式

五指微屈,后三指并拢、稍内收,拇指内扣。

(4)拳式

握拳,拇指在外,指关节弯曲,紧贴于食指和中指。

(5)立掌式

五指伸直,手掌用力上翘。

(6)西班牙舞手式

五指用力,小指、无名指、中指自掌指关节处依次屈,拇指稍内扣。

(7)花式

在开掌式的基础上小指伸直向掌心回弯到最大限度,无名指会随小指回弯。

2.上肢动作

(1)举

臂伸直向某方向抬起。

(2)屈臂

前臂与上臂角度不断减小。

(3)伸臂

前臂与上臂角度不断增大。

(4)屈臂摆动

屈肘在体侧自然地摆动。可依次和同时进行。

(5)上提

直臂或屈臂由下至上提抬,如屈臂前提、直臂侧提。

(6)下拉

臂由上举或侧上举拉至身体两侧。

(7)胸前推

立掌,臂由肩部向前推。

(8)冲拳

屈臂握拳,由腰间猛力向前冲拳。

(9)肩上推

立掌,屈臂由肩部向上推。摆动以肩关节为轴,手臂在180°以内的运动称为摆动。

(10)绕与绕环

以肩关节为轴,手臂180°～360°的运动为绕,大于360°以上的圆周运动为绕环。

(11)交叉

两臂重叠成"X"形。

在进行上述上肢动作练习时,应注意肌肉的用力阶段,使动作富有弹性,避免上肢动作过分僵硬。

四、健美操运动的功能

(一) 增进健康

健美操作为一项有氧运动,健身功效已成为共识。有研究认为,经常参加健美操锻炼的人,心脏总体积指数显著大于没有参加锻炼者,且吸氧量明显增加。有氧运动最能发展人体的心肺功能,增强心肌,增加肺活量,减少呼吸系统疾病。此外,健美操还兼具发展身体柔韧性和灵活性的作用。可见,健美操是目前发展身体全面素质的较理想的运动。

(二) 塑造形体美

健美操练习的身姿要求与我们日常生活中良好姿态的要求基本一致,因此长期练习有益于肌肉、骨骼、关节的匀称与和谐发展,有利于改善不良的身体形态,形成优美的姿态,从而在日常生活中表现出一种良好的气质与修养,给人以朝气蓬勃、健康向上的感觉。

健美操运动可塑造健美的形体。通过健美操练习,尤其是力量练习,骨骼会粗壮,肌肉围度增大,从而弥补先天的体形缺陷,使人体变得匀称健美。健美操练习还可消除体内和体表多余的脂肪。

(三) 缓解精神压力,愉悦身心

科学研究证明,体育运动可以缓解精神压力,预防各种疾病的产生。健美操作为一项体育运动,动作优美、协调,全面锻炼身体,再加上有节奏强烈的音乐伴奏,是缓解精神压力的一剂良方。在轻松优美的健美操锻炼中,练习者的注意力从烦恼的事情上转移开,忘掉失意与压抑,尽情享受健美操运动带来的欢乐,获得内心的安宁,使人具有更强的活力和最佳的心态。

在健美操锻炼中,人们的社会交往也得到加强。

(四) 医疗保健

健美操作为一项有氧运动,强度低、密度大,运动量可大可小,容易控制,除了对健康的人具有良好的健身效果外,对一些病人、残疾人和老年人也是一种医疗保健的理想手段。只要控制好运动范围和运动量,健美操练习就能在预防损伤的基础上达到医疗保健的目的。

第二节 瑜 伽

一、瑜伽运动概述

(一) 瑜伽运动的起源

瑜伽运动是东方最古老的健身术之一,起源于印度,距今已有 5000 年的历史。瑜伽简便易学。在瑜伽练习的过程中,练习者能够身心和谐、愉悦,消除各种压力所引发的紧张、焦虑、内分泌失调等症状。当前,瑜伽作为一项身心双修的健身益智运动,正受到越来越多的人的喜爱。

(二) 瑜伽运动的发展

在初始发展阶段,瑜伽以静坐、冥想及苦行的形式出现。

吠陀时期(约公元前15—前8世纪)的公元前15世纪,婆罗门教的宗教经典《吠陀》中提出了瑜伽的概念。这是瑜伽有系统记载的开始。

前经典时期(公元前8—前5世纪)的《奥义书》中,瑜伽指的是一种可以彻底摆脱痛苦的具体的修行方法。

经典时期(公元前5—2世纪)出现了瑜伽历史上最重要的两本经典著作,即《博伽梵歌》和《瑜伽经》。

后经典时期(公元2—19世纪),瑜伽的影响逐渐扩大,得到蓬勃发展,并在原有基础上发展出哈塔瑜伽(也有译为"哈他瑜伽"的)。

19世纪至今,传统的瑜伽思想得到了新发展。19世纪的罗摩克里希那创立了现代瑜伽,被称为"现代瑜伽之父"。

(三) 瑜伽运动在中国

瑜伽在佛教中属于修持三学"戒、定、慧"中的"定"的范畴。"定",就是"禅定",也是"止观",就是瑜伽修持。所以,瑜伽传入中国应该是随着佛教的传入而传入的。"瑜伽"一词在欧美早已被人熟知,而我国则是最近几年才渐渐流传,这得益于一位瑜伽修炼者——张蕙兰(瑜伽名字是瓦伊史那瓦·达西)在中央电视台的大力推广。1985年通过中央电视台,张蕙兰和瑜伽走入了千家万户,从此深受大家的喜爱。张蕙兰也就此成为中国大陆家喻户晓的传奇人物。张蕙兰老师被大家亲切地称为当代中国"瑜伽之母"。

二、瑜伽运动的分类和特点

瑜伽分为日月瑜伽、业瑜伽、智瑜伽、王瑜伽、爱心服务瑜伽、语音冥想瑜伽、Laya瑜伽等。其中,日月瑜伽最广为人知,是拥有最多修习者的瑜伽体系。

(一) 日月瑜伽

日月瑜伽,又称哈他瑜伽,主张通过严格的克制而达到梵我合一。"哈他"分别指"日"和"月"。

(二) 业瑜伽

业瑜伽主张通过行善达到梵我合一。业瑜伽认为行为是生命的第一表现,不可把行为的结果当作动机。行善是梵的尊名,人们要历尽善行,清心寡欲,不计成败得失,达到与梵合一。

(三) 智瑜伽

智瑜伽意为通过对宗教与哲学真谛的冥想而获得的神圣知识,教导人们如何认识自我,发现自己的本质。

(四) 王瑜伽

王瑜伽主张通过战胜身心(自己)的敌人,成为自我意识和心灵的主宰,借此达到梵我合一。而身心的敌人包括欲望、愤怒、贪婪、错觉、傲慢、嫉妒等。

(五) 爱心服务瑜伽

爱心服务瑜伽主张通过以虔诚之心敬神爱神而达到梵我合一,对神心怀敬仰的人比较适合修习。

(六) 语音冥想瑜伽

"Mantra"(语音冥想)源于词根"Man",意为"思考、心灵",因而"Mantra"意为神圣的真言或语音祈祷。修习者须明知其含义并反复吟诵。瑜伽语音可以仅一个音节,也可以是几个音节,甚至可以是整篇诗文。

(七)Laya 瑜伽

Laya 瑜伽指"敬天",主张通过奉敬达到梵我同一,适合心境平和、坚忍不拔、力求行事完美、谨言慎行的人。

三、基本动作练习过程

(一)第一式:站立式深呼吸(见图 7-2-1)

1. 作用

扩大肺活量,增强循环,为下面的练习做准备。

2. 动作要领

长坐准备,双腿向前伸直,然后屈左腿,将左腿放于右腿下方,脚心朝上。

呼气,左臂前伸,左手抓住右脚。

上身转向右边,将右臂尽量收向背部。

右手揽住腰的左侧。

先吸气,然后呼气,同时头部和上身躯干尽量向左转,保持 20s 自然呼吸。

换腿再重复此式。如此反复,共做 3 次。

(二)第二式:半月式(见图 7-2-2)

1. 作用

振作精神,伸展脊柱,纠正错误姿态,加强腰部线条,强健臀部、大腿,增强肾功能。

图 7-2-1 站立式深呼吸

图 7-2-2 半月式

2. 动作要领

站立式准备,脊柱挺直,双臂自然垂于体侧,手指手臂成一条直线。

吸气,手臂经身体两侧向上抬起伸直,双手合十,拇指相扣,手臂伸直贴近双耳,手臂向上方伸展。呼气,保持头抬起,初学者下颌距胸骨至少保持 4cm,手臂始终贴耳。

眼睛盯住前方固定一点,尽可能向上伸展身体,不要弯曲手臂和膝盖,呼气,慢慢向右弯曲到最大,保持全身面向前方。如果上体开始转动向右了,让你的左肩向后,右肩向前,手臂伸直,手肘固定,保持均匀呼吸,停留 10~20s。

吸气,身体慢慢回到中心,手臂与脊柱保持向上伸展。

呼气,向左弯曲上体,手掌尽量达到平行于地面,不要转动身体,两侧做相等的时间。

吸气,身体再次回到中心,双臂与脊柱仍保持向上伸展,身体立直时要大胆放松,让血液循环恢复正常,再重复练习。

吸气,尽可能缓慢伸展后背,腰部向后弯曲。

呼气,腰部最大限度地后弯,头尽量后仰,颈部放松,意志在颈部,将大腿、腹、髋尽可能向前伸展,膝盖尽量伸直,颈部放松,重心在脚后跟,均匀呼吸,保持10~20s。

吸气,慢慢回到直立,手臂保持向上伸展。

吸气,躯干向上,呼气,从髋部向前弯曲,膝盖伸直,下颌离开胸骨。

当两腿不能再保持伸直时,完全放松,屈膝,手抓脚跟,大拇指及其余手指前部触地,屈肘,前臂内侧顶靠在小腿后,腹部触大腿。

尽可能向地板伸展身体,放松尾骨,胸在膝关节部位,脸在膝下,贴近小腿胫骨,看不见光线,保持眼睛睁开,保持10~20s。

吸气,手松开脚跟,双手合十,缓慢抬起身体,回复到身体直立位置,向上伸展。

呼气,手臂从身体两侧放落,休息片刻,手臂、下肢、双脚放松,之后重复做一遍,每次保持10~20s,之后休息。

(三)第三式:笨拙式(见图7-2-3)

1.作用

强壮大腿、小腿、臀部肌肉,伸展髋关节,对缓和下背部疼痛及椎间盘突出有一定的帮助。

图7-2-3　笨拙式

2.动作要领

山立式准备,双腿分开与肩同宽,脚趾向前,脊柱挺直,双臂自然垂于体前。

吸气,向前抬手臂与地面平行,手心向下,手指并拢收紧肌肉,注视前面固定的一点,保持均匀的呼吸。

脚跟固定在地面上,呼气,身体慢慢向下坐。

直到大腿与地面平行,就好像坐在一把椅子上,注意保持手臂平行于地面,半蹲成直角,脚跟不要离开地面,膝盖保持分开。

脊柱不要向后弓,分别向上、下伸展脊柱,好像后背顶靠于墙上,中心在脚跟。此时脚趾感觉离开地板,好像要后倒,保持脚、膝、手分开与肩同宽,均匀呼吸,保持10~20s。

吸气,慢慢起身,回复身体直立。

吸气,抬起脚跟,到最大限度,手臂保持与地面平行。

呼气,屈膝,降低重心,此时脚跟会抬得更高,进一步向上,脊柱要挺直,让大腿平行于地面,均匀呼吸,保持10~20s。

吸气,慢慢抬起身体,回复站立位。

呼气,脚跟放落地面,手臂保持平行于地面。

吸气,再次抬起脚跟,将膝盖并拢在一起。

呼气,屈膝,重心向下,臀部触脚跟,重心压在脚跟上,膝盖保持并拢,脊柱挺直,腹部微向前,让手臂平行于地面,手心向下均匀呼吸,保持10~20s。

吸气,慢慢起身,保持膝并拢,手臂平行于地面。

呼气,膝盖分开伸直,回复站立位,双臂放落身体两侧,放松。

(四)第四式:鸟王式(见图7-2-4)

1.作用

提高身体平衡、协调与专注能力。消除下肢多余脂肪,防止和消除小腿肌肉痉挛。

2.动作要领

山立式准备(在练习很多站立体式之前都有山立式准备)。

吸气,双臂前平举,手心相对,与肩同宽。

将左手臂放在右臂下,双臂保持平直,将肘关节叠在一起,同时弯曲双肘,竖起小臂,让手背相碰。

移动前臂,缠绕,让两手掌内侧相触。

尽量不要扭动手腕,或手掌歪斜。此时左前臂缠绕右前臂,就像一根绳子绕住,不透光线。

图7-2-4 鸟王式

保持手掌伸平,下颌抬起,肩下沉,让手臂尽量向下,触碰胸部。

保持双脚并拢,脊柱挺直,双脚平放在地板上,呼气,屈膝,直到腿部有拉伸的感觉。

凝视前方一点,身体固定,注意力集中,控制好平衡,重心放在左腿,抬右腿放在左大腿上。

右脚缠绕住小腿,大脚趾在左小腿内侧。

呼气,再屈膝,慢慢降低重心,均匀呼吸,保持10s。如果双腿不能充分缠绕,可以先从此动作开始练习,坚持练习双腿逐渐可以缠绕。

吸气,慢慢放开,伸直双腿与双臂,站直,手臂自然垂于体侧,放松。

交换另一侧,做相同的时间。

(五)第五式:站立头触膝式(见图7-2-5)

1.作用

提高注意力、耐心、决断力,收紧腹部及大腿肌肉,有益坐骨神经,伸展跟腱、肩胛骨。

2.动作要领

山立式准备。

吸气,向上抬起右膝,双手抓右脚脚心,手指交叉,拇指在上,左膝伸直。

左膝关节保持伸直,收紧大腿肌肉,之后双手抓住右脚向身体方向伸展,直到伸直,均匀呼吸,保持20~30s。

让右腿与地面平行,呼气,屈肘向下,上体向前向下,双膝固定不动。

眼睛看地面固定一点,呼气,让头触碰膝关节和小腿,均匀呼吸,停留保持10s,如果失去平衡不要灰心,再次尝试。

吸气,缓慢伸直抬起上体,放下右脚,双脚站立。

换左脚重复相同动作,之后休息片刻,再重复一组。提示:一定要先将下侧膝盖伸直,再尝试伸直前侧膝盖。

(六)第六式:站立拉弓式(见图7-2-6)

1.作用

促进血液循环,提高心肺功能,让血液充分流向内脏和腺体,促进身体健康;提高注意力、耐心、决断力;强健腹部及大腿,收紧上臂、髋部及臀部肌肉,改善下背部和全身大部分肌肉的柔韧性及力量。

图7-2-5 站立头触膝式

图7-2-6 站立拉弓式

2.动作要领

站立,双腿并拢,脊柱挺直,双臂自然垂于体侧。

左腿站立,屈右膝,右脚向后向上,右手呈杯状从右脚踝外侧抓住脚背,手距脚趾3cm,手腕在脚内侧,手指在外侧,脚心向上。

膝关节固定住,大腿肌肉收紧,吸气,抬左手臂在体前,肘伸直,手指并拢向前,指尖高度在眉心位置。

眼睛注视前方一点,大约在从髋到手指的延长线上一点,呼气,上体向前,使腹部平行于地面,同时将右脚向上向后伸展。

随着右膝向上伸直,右手慢慢滑向右脚踝或小腿处,不要脱落,直到脚过头,腿的后侧要有拉伸感,最终应达到双膝伸直,双腿呈"一"字垂直于地面,均匀呼吸,保持此式10s。

初学者可以先以此动作代替,让身体逐渐适应,保持正常呼吸,再将上侧腿慢慢向上伸直。大家应该注意,下侧膝盖弯曲为错误动作,在保持下侧膝盖伸直的基础上,后侧腿逐渐向上伸展。

吸气,慢慢地回到中心位置,双腿站立,双臂自然垂于体侧。

交换做另一侧,左手抓左脚,右脚保持平衡,做相同动作,均匀呼吸,保持10s之后,慢慢返还中心位置,休息片刻后再做一组,各保持10s。

(七)第七式:战士第三式(见图7-2-7)

1.作用

提高身体的平衡能力。

2.动作要领

山立式准备。

吸气,双臂经两侧向上抬起,于头顶合十,手指交叉握紧,食指伸直合并,肘伸直,上臂贴耳,手臂尽量向上伸展。

右脚向前迈一大步,吸气,左脚跟抬起,眼睛看身体前地板上一点。

呼气,保持髋部水平,收紧肌肉,从手到脚固定成一条直线,上身下压。

让身体与地面平行,右脚膝关节伸直,均匀呼吸,保持10s。

吸气,慢慢抬起身体,左腿放低,双脚并拢,手臂保持向上伸直,之后回复身体直立,换另一侧腿重复相同动作。

注意:此姿势一定要小心翼翼地做,先学会做战士第一式再做此姿势。刚开始练习时,可以靠墙近距离练习,并要在自身承受范围内练习。

(八)第八式:站立分腿伸展式(见图7-2-8)

1.作用

伸展大腿后侧肌肉和跟腱的韧带。促进腹部脏器腺体的功能,改善便秘、坐骨神经痛,使脊柱更灵活。

图7-2-7 战士第三式

图7-2-8 站立分腿伸展式

2.动作要领

山立式准备。

两脚分开大约肩的2倍宽,吸气,同时手臂自两侧抬起平行于地面,两脚趾指向前,膝盖伸直,两膝固定。

呼气,上体向前向下,双手抓住两脚跟后外侧。

伸展下肢、头顶,触向地板,且尽可能靠近身体,重心在脚后跟,让背部尽量伸直,保持10s,呼气时放松向下伸展上身。

吸气,抬头,慢慢抬起身体,回到身体直立,休息片刻,再重复一遍。

(九)第九式:三角式(见图7-2-9)

1. 作用

有益于身体每块肌肉、关节、腺体、内脏。这是一个加强髋关节和侧腰部伸展和力量的最重要姿势。可缩减腰围,强壮三头肌、斜方肌、胸大肌。

2. 动作要领

山立式准备,双脚分开两倍肩宽。

吸气,手臂由两侧向上抬起,于头顶合十。

呼气,手臂放下与地面平行,手心向下。

保持左膝固定的同时,将右脚向右,腹部保持向前,上体微向后。

屈右膝向右,保持脊柱直立,呼气,慢慢降低重心,直到大腿与地面平行,此时,上体包括左脚向前,髋保持水平,左膝伸直,左脚平放在地板上。

保持手臂伸直,弯曲上体向右,右肘放在右膝前,手指尖触碰大脚趾,上侧手掌心反转向前。

注意不要把重量放在手指上,手指应并拢,右手指刚刚接触到脚趾时,转头注视上方。

移动头部,下颌触左肩,左手指向上方,肘关节固定,伸展左手臂,左肩向上垂直于地面,尽量保持腹部向前,右肘推右膝向后,上体向后稍转,均匀呼吸,保持10s。

吸气,抬起上身,伸直右腿,回到原位,双腿保持不动。

右脚转向前,保持手臂平举,手心向下。

之后左脚转向左侧,另一侧重复相同动作,均匀呼吸,保持相等时间。

吸气,立起上身,脚尖转正。

呼气,双手从身体两侧放落,双脚并拢,休息片刻后,左右再重复一遍。

(十)第十式:站立分腿头触膝式(见图7-2-10)

1. 作用

减少腹、腰、髋、臀、大腿多余的脂肪。伸拉大腿后侧韧带。

图7-2-9 三角式

图7-2-10 站立分腿头触膝式

2.动作要领

山立式准备,站于垫子的一端。

吸气,双手经身体两侧向上抬起,于头上合掌。

右脚向右侧跨一大步,移动重心在两腿中间。

转右脚尖向右侧,上体髋部也转向右侧,与右脚尖形成一条直线,左脚仍保持向前。

双腿保持伸直,呼气,自髋部开始弯曲向前,头触右小腿或膝盖,同时手触脚前的地板。

继续前伸手臂,直到肘关节伸直,均匀呼吸,保持10s,然后慢慢立起上身,右脚回复向前,但保持两脚分开。

将手臂尽量向上伸展,左脚尖转向左侧,上体髋部也转向左侧,重复相同动作。

之后回复直立,双脚并拢,脊柱挺直,手臂自然垂于体侧,休息片刻后,再重复左右各一次。

(十一)第十一式:树式(见图7-2-11)

1.作用

加强腿部、背部、胸部肌肉。提高平衡感和专注能力,纠正不良体态,预防疝气。

2.动作要领

山立式准备,站于垫子一端。

凝视身体前方一点,用左脚保持平衡,慢慢抬起右脚,双手抓住右脚,将右脚放在左大腿上,脚心向上。

将脚跟靠近胯部,脚背放在腹股沟处,脚尖向前,伸展脊柱,收紧臀部,左膝伸直,将右膝向下向后,最终与左膝处于同一水平线上。

移动双手,胸前合掌,均匀呼吸,保持10s。

呼气,放开双手,慢慢伸直右膝,右脚放落在地面。

换另一侧腿重复相同动作,同样保持10s,之后放松下肢。

(十二)第十二式:趾尖式(见图7-2-12)

1.作用

此式可使人更富有耐心,可以治疗膝、踝、脚部的痛风、风湿病,对痔疮也有较好的效果。

图7-2-11 树式

图7-2-12 趾尖式

2.动作要领

山立式准备,站于垫子的中央。

注视身体前侧地板上一点,抬右脚先做树式,双手合掌放于胸前。

保持注视地板上一点,呼气,弯曲左膝,降低上体重心。

从下腰部开始弯曲上体向前,双手手指触地。

之后降低臀部,左脚跟抬起,让臀部坐在脚跟上,双手移向两侧,用手指和左脚掌控制好平衡。

当感觉平衡时,可以此慢慢将手离开地面,放于胸前合掌,均匀呼吸,保持10s或更久。

之后双手放于体前,吸气,支撑身体慢慢起来,放开右腿,身体直立放松,换另一侧做相同动作,回复直立后,仰卧放松2min。

(十三) 第十三式:仰卧式(见图7-2-13)

1.作用

使血液循环恢复正常,身体完全放松。接下来每个动作之后都要做这个姿势。

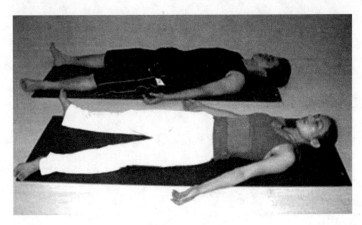

图7-2-13 仰卧式

2.动作要领

躺卧在地上,双脚蹬直稍稍分开,双脚自然地偏向外侧。双手和双脚完全放松。双臂置在身体两侧,与身体成45°角。手心朝上。伸展颈后部分,下颚微收,伸展脊椎上部。

闭上眼睛。开始的时候先深呼吸。随后呼吸要变得顺畅而缓慢,不会影响身体的休息。将注意力集中在呼吸上,尽量伸展胸部及横膈膜,消除所有紧张或绷紧的感觉。

放松两臂、双手、肩部和颈部肌肉。放松大腿、小腿、臀部、背部、腹部。

放松头部,不要左摇右摆。放松脸部所有肌肉,放松牙关及放松眼皮。让身体完全处于放松状态,慢慢地呼吸。感觉有一股能量由头部蔓延至脚底,令你精神彻底地放松。

静止不动地保持这个姿势5~10min。其间脑海会生很多念头,请让念头静静过去,然后让注意力返回呼吸上。

完成后,深呼吸一次,慢慢张开眼睛,屈膝,将身体转向一方,停留一会儿,然后用手撑着地慢慢坐起来。

(十四) 第十四式:除风式(见图7-2-14)

1. 作用

按摩腹部内脏,增强腹部肌肉,改善便秘,去除胃部胀气。

2. 动作要领

仰卧准备,双手在体侧,掌心向上,双脚放松。

吸气,右膝弯曲抬起,双手十指交叉抱住右小腿,将肘靠近身体,肩放松。

呼气,手臂拉膝关节向胸部,脚放松,同时用眼睛看胸部。

吸气,还原右膝,呼气,放下右腿。同样的方法做另外一侧以及双腿。

图 7-2-14　除风式

(十五) 第十五式:仰卧起坐动态伸背式(见图7-2-15)

1. 作用

收紧腹部,伸拉腿部韧带和脊柱。

2. 动作要领

仰卧准备。

双手放于头上方地面,伸直手臂,双腿并拢,吸气,保持双腿伸直,脚跟放于地面。

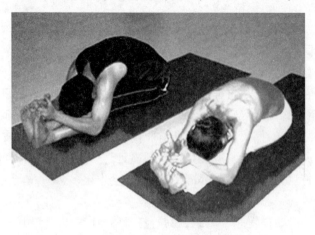

图 7-2-15　仰卧起坐动态伸背式

用手臂带动身体向前向上。

让上体垂直地面,呼气,向前弯曲,手抓脚趾。

将上身向双腿方向伸展,让头触小腿或膝盖,肘放在腿两侧的地板上。

(十六)第十六式:眼镜蛇式(见图7-2-16)

1.作用

使脊柱保持富有弹性的健康状态,改善各种背痛和比较轻微的脊柱损伤。该式对生殖器官也有好处。它还可调整月经失调及各种女性机能失调,能够强壮三角肌、斜方肌、肱二头肌。

图7-2-16 眼镜蛇式

2.动作要领

俯卧准备。

收缩双腿、臀部肌肉,双手放在腋下,手指向前,指尖不要超过肩头,双肩自然下垂,双肘立起放于体侧。

吸气,抬头,眼睛向上看,用脊背的力量抬起上体,使腹部慢慢离开地面。

呼气,用脊背的力量使背部向后弯曲,同时双臂伸直,压腹向地板的方向,肩放松,下沉,眼睛注视上方,均匀呼吸,保持20s。

呼气,慢慢放松手臂,降低上体成俯卧位。脸可转向一侧,眼睛睁开,手臂放回身体两侧,手心向上,脚跟向外放松。放松20s后,再重复一遍。

四、瑜伽呼吸法的练习

呼吸是人最重要的生命特征之一。人刚出生时得到的营养就是空气。人无食无水还能存活几天,可是呼吸要是停止数分钟,中断了氧气供应,就会死亡。

呼吸是向肺部运送空气的连续动作。吸入肺的氧气立刻会被送到心脏,再由血液中的红细胞输送到全身,供给所有的细胞、组织、神经、内分泌腺、器官等。

人人都会呼吸,但平时的呼吸往往过于浅表,不够深长,肺部只利用了1/3。总是很浅表地呼吸,身体和血液就会缺乏氧气,以致引起头痛、疲倦、大脑反应迟钝。

瑜伽呼吸是靠腹肌、肋间肌和横膈膜的运动进行的完全腹式呼吸。这种呼吸均匀,缓慢又深长,可以向身体的各个器官提供更多的氧气。为了使心肺保持良好的功能,学习瑜伽呼吸法还是很有必要的。

瑜伽的基本呼吸法包括吸气和吐气。吐气有:腹式呼吸、胸式呼吸、完全呼吸和单鼻孔清理经络呼吸4种。上述几种都是用鼻孔呼吸的。

(一) 吸气

肋间肌扩张和横膈膜下降,肺部体积增大,将空气压入肺部。

(二) 吐气

横膈膜上升,肺部体积变小,将空气排出肺部。

1. 腹式呼吸

仰卧,把手放在腹部上,两鼻孔慢慢吸气,放松腹部,感觉空气被吸向腹部,手能感觉到腹部越抬越高,实际上这时横膈膜下降,将空气压入肺部底层;吐气时,慢慢收缩腹部肌肉,横膈膜上升,将空气排出肺部。

2. 胸式呼吸

盘腿坐,脊背挺直,双手置于肋骨处,两鼻孔慢慢吸气,同时双手感觉肋骨向外扩张并向上提升,体会肋骨下移并向内并拢。

3. 完全呼吸

盘腿坐正,一手放在腹部,一手放在肋骨处,缓缓地吸气,感觉腹部慢慢鼓起,先让空气充满肺的下半部,再让空气充满肺的上半部;当空气充满肺部的每一个角落,已经吸气吸到双肺的最大容量,再缓缓地呼气,先放松胸上部,然后放松胸下部和腹部,最后收缩腹肌,把气完全呼净。

这是一种把腹式和胸式呼吸结合起来完成的正确自然的呼吸。经过几次练习后,就会运用自如,并能在日常生活和瑜伽练习中使用。它既能最大限度地将吸入的氧气提供给身体的各个器官,又能强化腹肌,并使身心得以放松、平静。

4. 单鼻孔清理经络呼吸

盘腿坐正,左手扶膝,右手中指、食指抵眉心,大拇指和无名指分别放在鼻子两侧,大拇指按紧右鼻孔,只用左鼻孔深长地、缓慢地进行5次瑜伽完全呼吸。此时应当闭上眼睛,仔细体会身体里的运行,均匀、轻柔地吐纳气息。做完后,大拇指松开,无名指按紧左鼻孔,用右鼻孔缓缓地进行5次瑜伽完全呼吸。反复做5~10个回合。

注意吸气、呼气的时间要相等。气息出入鼻孔时不要有声音。如果患有鼻炎或感冒,切勿做此呼吸练习。

这种呼吸法可以提供给身体额外的氧气,排出二氧化碳和肺部陈旧之气,清理经络系统中的障碍,使经络通畅;强化上呼吸道的机能,预防鼻炎和感冒。

附录　穴位示意图

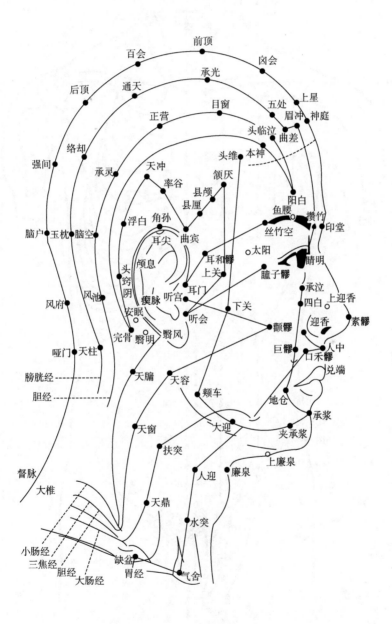

附图1　头面颈部穴示意图

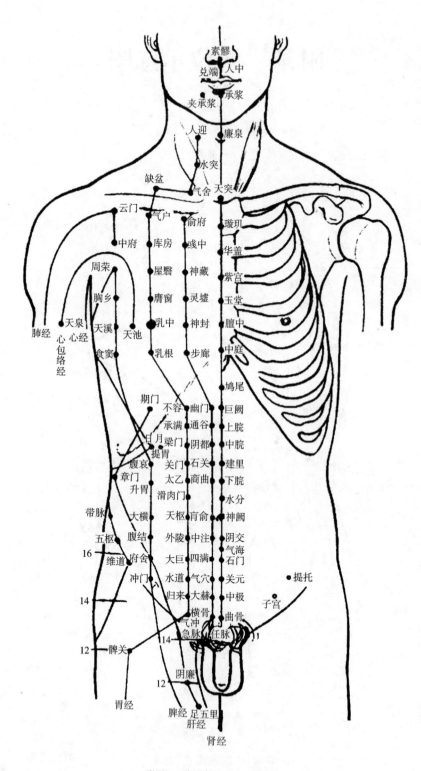

附图2 胸腹部穴(正面)示意图

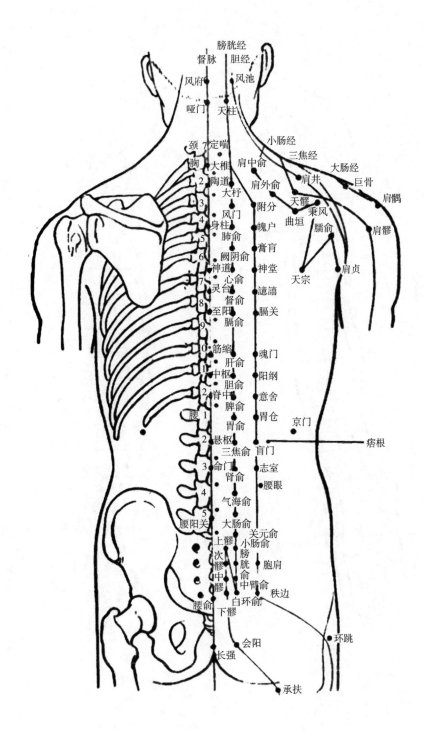

附图3 肩背腰骶部穴示意图

航海体育 **Marine Sports**

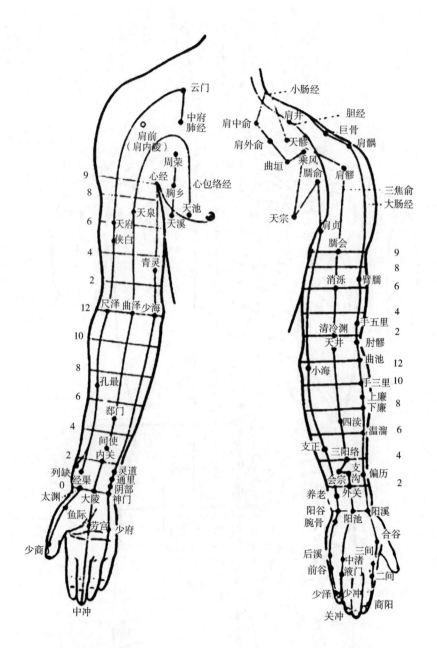

上肢掌侧面穴示意图　　　　上肢背侧面穴示意图

附图 4

附录 穴位示意图

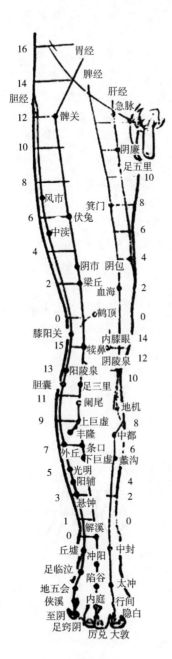
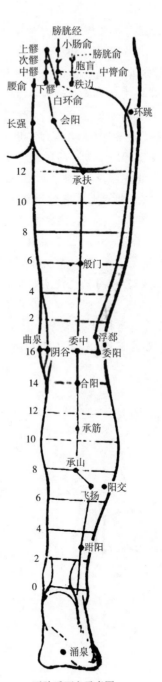

下肢前外侧面穴及内侧面穴示意图　　下肢后面穴示意图

附图 5

参 考 文 献

[1] 邹志兵,覃立成,蒋东升.新编大学生体育文化与健康教程[M].北京:北京理工大学出版社,2013.
[2] 张占忠,陈刚,曹俊.高职体育与健康规划教程[M].上海:南开大学出版社,2012.
[3] 孙汉超.体育与健康实用教程——高等职业院校教材[M].北京:人民体育出版社,2012.
[4] 关辉.体育运动处方及应用[M].北京:北京师范大学出版社,2010.
[5] 高爱国,孙庆,李险峰.高职体育实用教程[M].北京:高等教育出版社,2014.
[6] 匡小红.健美操[M].北京:高等教育出版社,2011.
[7] 吴亚娟.大学健美操教程[M].西安:西北工业大学出版,2009.
[8] 孙增春,于志培.大学生体育健康教程[M].北京:高等教育出版社,2011.
[9] 齐豹.大学体育[M].北京:北京交通大学出版社,2006.
[10] 陈庆合.大学体育[M].北京:中国铁道出版社,2011.
[11] 王福田.大学生体育指导[M].哈尔滨:黑龙江朝鲜民族出版社,1999.
[12] 官斐斐,王福田.对高职院校实行俱乐部制体育教学模式的可行性研究[J].牡丹江大学学报,2004(6).
[13] 鲁春娟.论普通高校健美操课的教学问题与对策[J].宁波教育学院学报,2010(2).
[14] 奥林匹克.百度百科[EB/OL],2014-8-15.